A Great Woman

Helen Foster Snow

伟大的女性
海伦·斯诺

安危 著

人民出版社

目　录

自 序
——我与海伦·斯诺

海伦·福斯特·斯诺（Helen Foster Snow）是美国著名作家、记者、社会活动家，是中国革命的见证者、中国人民风雨同舟的朋友。50多年来，我从阅读她的著作到与她相识相知，从翻译出版她的书稿到研究她的生平及贡献，成为历时18载的忘年之交，我的人生追求也被她改变了。

（一）

1971年，我从南泥湾"五七"干校借调到延安革命纪念馆工作。馆里有一个资料室，只有一间房大小，但对一个读书人来说，5年见不到图书，那是一种什么样的心情！我到了那里，就像一头饥饿的耕牛闯进了菜园子，见啥吃啥拼命地吃。在那儿，我第一次看到埃德加·斯诺的《西行漫记》和尼姆·韦尔斯的《续西行漫记》。作为一个学外语的人，第一次看到外国人撰写的关于中国革命的著作，兴趣自然倍增。由于自己对背景知识有所了解，读起来更感亲切。韦尔斯的书更具特色，她那传奇般的西北之行，比电影故事还要精彩！我对这两本书，简直是"一见钟情"。读完两本书，才得知两个作者还是夫妻，韦尔斯的真实名字是海伦·福斯特·斯诺。

1974年，我从延安调回到原来的工作单位——陕西省外事办公室，几乎所有的重要团组，都由我担任首席翻译。1978年9月的一天，鲁曼主任把我叫去说:"全国友协有个团,是美国的一个电视摄影组,还要去延安。你就接待这批外宾吧。"我拿到接待计划,一看到尼姆·韦尔斯的名字,高兴得几乎叫起来。这不是我一直敬仰而无缘谋面的美国作家吗?!

这年金色的 9 月,就成为我与尼姆·韦尔斯(海伦·斯诺)忘年之交的开始,也成为我人生追求的真正起点。多年后,我常想一个问题:当时为什么会把这个接待任务交给我?是"偶然",还是"天意"?我想,当时领导这么决定,可能考虑到两个因素:第一,这是个重点团,要求多,安排起来很费事,需要一个硬棒的人接待。第二,我在延安工作过五年,情况比较熟悉。至于我还读过海伦·斯诺的著作、对她 30 年代在中国的经历还比较熟悉,鲁主任肯定不会知道的。

我记得海伦和她率领的电视摄影组,是下午 2 点左右到达的。当时接外宾,一律乘坐小轿车。摄影组一共 4 人,北京陪同 2 人,用了 3 辆小车,主要外宾都配有译员。海伦·斯诺由一位领导陪同,还有一个译员,乘坐 1 号车。那时的外事活动,陪同(领导)和译员的分工是严格而明确的。陪同是陪外宾说话的,译员只做翻译。我们一到人民大厦,海伦·斯诺就同我们开始讨论她的访问计划和拍摄要求。

当天晚上,省委副书记章泽同志举行宴会,欢迎海伦·斯诺重返西北,省外办鲁主任出席作陪。海伦在宴会上说:"这是我第二次到访新中国,见到了许多老朋友,大家谈起 30 年代这段经历都非常高兴、非常怀念,但他们都不会讲英语了,都是通过翻译沟通的。我也结识了一些年轻人,英语都不错,但对这段历史不大了解。今天到西安才半天,我就有一个不小的发现。你们这位年轻人不但英语好,了解 30 年代中国的革命历史,还了解我在中国的经历!从明天起,我想要安危坐在我的车上,希望你们能满足我这个小小的要求。"鲁主任当即说:"那当然可以呀。"

这就是我和海伦·斯诺的第一次见面。我怎么也没想到,她对我竟然是一见如故,当着领导的面,给了我那么高的评价!

1978 年中国西北之行后，海伦·斯诺主动给我写信，而我在接到她第二封来信的时候，才回了她一封。接着，海伦把她访问西北的文章寄过来，我一看写得非常好，就把全文翻译成中文，寄给《延河》文学杂志社，在当年 10 月号上发表了，成为该刊"庆祝中华人民共和国成立 30 周年"的重点文章之一。我把这期《延河》杂志给海伦·斯诺寄去一份，向她表示感谢和祝贺。海伦请耶鲁大学一位中国学者，把我的译文再翻译成英文，看了后非常高兴。三年后，我们在美国再次相见时，海伦对我说："你翻译得非常好，不仅把我的原意准确地翻译出来，而且把我的幽默感也表达出来了。要做到这一点，常常是很困难的。"

1979 年以后，我们的通信联络就越来越频繁了。海伦不断地给我写信，而且把她的著作和手稿，也一部接一部地给我寄过来，要我在中国翻译出版。海伦根据她 1978 年重访中国的所见所闻、所思所想，撰写了长篇游记《一个美国人在中国的经历》，我把关于中国西北的几章翻译出来，并于 1980 年由陕西人民出版社以《七十年代西行漫记》为书名正式出版发行。

（二）

阅读、翻译海伦的作品，使我深受教育，对这位美国作家、新闻记者和杰出的女性有了进一步的了解。她的丈夫埃德加·斯诺成为中美关系的风云人物、新闻界的泰斗、中美人民友好的象征；但为什么不提及海伦·斯诺呢？在斯诺夫妇 10 多年的旅华岁月中，在他们共同参与创造历史、树立斯诺在国际新闻界的地位中，海伦功不可没。使埃德加·斯诺誉满全球的重大事件，其主意多出自海伦·斯诺，而且许多事情是他们一起搞的。一切功劳归埃德加·斯诺，显然不符合历史事实，对海伦个人也是不公平的。

　　我决心尽己所能，帮助海伦·斯诺重新回到中国读者当中。同时，通过翻译和研究，掌握第一手材料，揭示事实真相，还历史本来面目，使她得到应该得到的荣誉和认可。

　　1985年9月至1986年9月，我有机会去康州哈特福德市的特尔尼蒂大学讲学，几乎每个周末和假期都去麦迪逊，同海伦·斯诺在一起，帮助她整理手稿、资料，了解她的为人处世，了解她的思想、品德及工作作风，甚至包括她说话的语气和她说话时的动作、生活中的爱好，等等。我以为这些细节非常重要，这对研究她的生平，撰写她的传记，把她这个人写活，是非常重要的。在这一年期间，我和海伦进行过无数次谈话，凡是重要的内容，我都录音，共录制了20多盘磁带，还拍摄了近百张幻灯片，100多张照片。

　　20世纪80年代初，我对海伦·斯诺的了解是肤浅的，只觉得她是一个才华横溢、聪敏过人、有胆有识的杰出女性。对她生平的研究，只是从一个严肃的翻译工作者的角度出发，审视她、了解她，目的简单而明确：只想翻译好她的著作，在中国出版发行。

（三）

　　大概从1982年起，我才把翻译和研究海伦·斯诺的著作和生平，作为自己毕生的事业。那年9月，我随同陕西省友好代表团首次访问美国，同明尼苏达州政府商谈与陕西省建立友好关系的事宜。代表团在纽约待了两天，然后去明州。

　　我们住在中国驻纽约总领事馆。接待我们的是雪伦·估莲（Sharon Crain）。她是海伦·斯诺的邻居，1979年访问过西安，经海伦介绍，我们俩也早成了好朋友。雪莲非常了解海伦·斯诺，也非常了解我的心情，极力建议代表团去麦迪逊访问海伦·斯诺。当时的领队是孙铭副主任，不好正面拒绝雪莲的请求，便说："到时再看吧，有时间就去。"这是"婉言谢绝"，可是，执着的雪莲却不这样理解。翌日天一亮，就来纽约总领事馆接我们出去用早餐。她带我们游览，分秒必争，一天时间，就把纽约能看的地方全都看完了。当天晚餐时，雪莲就向孙铭提议："明天咱们去看海伦·斯诺吧，沿途风光很迷人，我家也住在那里"。

那天，海伦穿着邓颖超送给她的中式丝绸外衣，笑呵呵地站在门口欢迎我们。我先向她介绍孙副主任和何克敬处长，她却迫不及待地同我紧紧拥抱起来。这是我第一次去海伦家里探望。见到海伦，既高兴又激动，也感到非常震惊！

我以中国人的思维方式想象着，海伦·斯诺那么有名，生活应该过得比较舒适。那次旅美之后，我才发现海伦是"美国最穷的人"。麦卡锡时期的政治迫害，使她失去政治自由，一直找不到正式工作；1949 年与斯诺离婚后，她只身独居，埋头做她一直想做而耽误太久的事情——写一部美国的"巨著"。她居住在一个小农舍，是 1752 年修建的。按中国居住标准，她的房子倒是不小，但只使用着一小间，为的是节省暖气。20 世纪 60 年代起，她每月只靠 70 美元生活；80 年代初，才增加到 150 美元。那时，在美国的中国留学生，每月生活费都是 400 美元呢！电视机倒有一个，是黑白的，图像还不清晰。海伦说，"看新闻节目的时候，在后背箱'拍一拍'，就出现图像啦。"她没有车，没办法去镇上买东西，总是请邻居代劳。在美国，没有汽车就等于没有腿。镇上的商店，离她家有好几英里；邻居之间，也有 80 米、100 米远，不像中国的邻居，住楼上楼下，或隔墙而居。临别时，我们给她送了礼品，可是她没有什么可回赠的，在屋里转了一圈，最后在地下捡起一支圆珠笔，擦了擦上面的泥巴送给了我。回国后，老何把这个令人感动的场面，当做故事，给人们讲了好多年。

一个为人类进步事业作出过卓越贡献的人，晚年在一个很富足的社会，竟然过着如此凄惨的生活！然而，海伦的思想、品德和人格，却是那么高尚，那么光彩照人！

中国政府和人民从来没有忘记过这位风雨同舟的老朋友，多次设法帮助她，但她多次谢绝了中国政府对她的资助。据我所知，我国驻联合国总部和纽约总领馆几任大使，前后不下三次，亲自登门看望她，并给她资助，她都没有接受。海伦 1972 年和 1978 年两次访华，都是应全国友协邀请、全程公费招待的，但她还是自筹资金来华访问。她没有钱，就把她30 年代在中国收藏的字画，在中国买的丝毯、青铜器等东西卖了，凑够了来中国的旅费。对中国人来说，海伦是有功之臣，接受这样的资助和招待是理所当然的。可是，她为什么一次又一次地婉言谢绝呢？

在 1985 年秋季的一次深谈中，我跟她提到了这个问题。她说："我是作家、是新闻记者，我的一贯原则是如实报道和独立思考。对发生的任何事件，首先要搞清楚事实，然后再独立思考，不受外界因素的干扰，从而作出自己的判断。"她说，她一直是这样做的。如果她接受了中国政府的资助，即使她的文章是客观的、符合事实的，别人也会说，她为中国说话，因为她拿了中国政府的钱。如果是这样，她就失去了她的读者。"如果一个作家、一个新闻记者失去他的读者，就等于失去了生命。"

这次与海伦的深谈，使我的灵魂受到极大的震撼！我什么也说不出，久久控制着我的，只有感动、同情和敬仰。海伦的思想和品德，正是我们生活中所缺少的。我要尽最大的努力，多做些她期望去做而她本人又无法去做的事情。我要把她的著作翻译出版，让人们来了解她；我要深入研究她的生平，传播她对人类进步事业的杰出贡献，传播她的品德和思想。1986 年以后，我在海伦·斯诺生平和著作的研究、翻译方面，目标更加明确，意志更加坚定了。

在省外办工作期间，口译是我的本职工作；笔译和研究，是自找苦吃的爱好，全是晚上、节假日完成的。我翻译、出版过海伦·斯诺的 6 本著作，即《七十年代西行漫记》《我在中国的岁月》《延安采访录》《毛泽东的故乡》《中国为民主奠基》《架桥》。1987 年，我协助"八路军西安办事处纪念馆"办起了《伟大的女性——海伦·斯诺在中国》图片实物展览，34 年来经过 4 次改版升级，已成为永久性展览。我还编写出版了有关海伦生平及贡献的三部著作：《伟大的女性——纪念海伦·福斯特·斯诺》《忘年之交——海伦与安危两地书》《人民不会忘记》。为出席国内外举办的"斯诺研讨会"，我还撰写、发表过多篇论文；翻译、发表了她的一些文章和诗作。

（四）

海伦·斯诺一生撰写了 64 部书稿，由于政治上的原因，只有 7 部在美国正式出版发行。她的房子里，堆满了书籍、报纸、文稿、笔记、资料、剪报等等，大部分与中国有关。20 世纪 60 年代初，她把部分资料送往斯坦福大学胡佛研究所保存。1995 年后，她自知上帝留给她的时间屈指可数，便让她的侄女谢莉尔及其丈夫毕绍福帮助清理、装箱。毕氏夫妇先后两次从西海岸飞往康州麦迪逊，花了近两个月时间，清理满屋子的资料，用可口可乐包装箱那么大的小纸箱，装了 300 多箱，载了两卡车，运往海伦的故乡犹他州杨伯翰大学。

海伦·斯诺 1997 年 1 月 11 日辞世后，我一年之内 3 次前往美国，参加她的葬礼；同她的侄女谢莉尔一起，编写并翻译、出版海伦·斯诺生平图集《架桥》；帮助杨伯翰大学图书馆对"海伦·斯诺资料"进行分类、编目。

凡是珍贵的东西，当人们失去它的时候，才会认识到它的价值。海伦·斯诺的一生，是丰富多彩的一生；她的贡献是杰出的，也是多方面的。海伦·斯诺是一位走在时代前面的人，她的思想及其著作的价值，在她的晚年已经被为数不多的人们意识到，她离世之后，引起了更加广泛的关注和传播。

    海伦·斯诺离开我们 24 年了，她的逝世标志着一个时代的结束。在人类社会进入 21 世纪的今天，由两国老一代领袖人物亲手打造的"中美特殊友谊"，就显得更加珍贵。

2021 年 9 月 6 日

于古城未央湖畔

朋友的朋友

——我是怎样认识黄华的

我第一次见到黄华，是在 1970 年，黄华陪同美国记者埃德加·斯诺重访延安的时候，我远远地望见他陪同斯诺参观。

1985 年 7 月在呼和浩特召开的斯诺国际学术研讨会上，我多次近距离地接触过他，聆听过他的讲话。参观萨拉齐的那天早晨，当我自报家门，向他问好时，黄华有点儿惊喜地看着我："你就是安危！海伦·斯诺给我的信中多次提到你"。时任全国人大常委会副委员长的黄华，听说我三周后要去美国做访问学者，在哈特福德待一年，业余时间将协助海伦·斯诺整理她的手稿和文献资料，他非常高兴，并要我与三 S① 研究会秘书长刘力群同志联系，安排我出境前去见他，他有话要对我说。我真是又惊又喜，简直有点儿迫不及待了。

那是 1985 年 9 月上旬，我提前两天到了北京。我记得是我出境前的那天下午，如约拜访黄老，按力群同志给的地址，前往黄老住宅。门警的询问还没有完，徐秘书就笑盈盈地出来迎接我。这是一所典型的北京四合院，与宣武门一带的高楼大厦相比，这儿就显得特别安静和惬意。徐秘书把我领进客厅时，黄华已经出来站在那儿了。我第一次见这么大的中央领导，心情确实有点紧张。

"安危啊，你来了就好"。他一边说，一边要我坐下。他那慈祥的面

---

① 三 S，指的是史沫特莱、斯特朗、斯诺。

孔，微笑的表情，平易近人的举动，把我紧张的心情一下子都赶跑了。我镇静了许多，就像见到父辈的长者一般。黄华一边喝茶，一边缓缓地谈起来。

"你去美国能待一年，很好啊。你要设法见见海伦的医生，了解一下她的病情，看看她能否长途飞行。如果健康允许，再征求海伦的意见，看她愿意不愿意到中国来。我们准备把她接过来，找一个她喜欢的、比较安静的地方，便于她写作。当然，我们会给她配备秘书、厨师和保健医生的"。听着副委员长的这一席谈话，我既感动，又兴奋。老革命牵挂着老朋友，这是一种多么伟大、多么崇高的友谊啊！如果海伦能到中国安度晚年，该有多好啊！

黄老接着说："还有，堪萨斯城想与西安结为友好城市，王炳南会长答应了，我也答应了，有机会你到那儿跑一趟，多了解些情况，给西安市做做工作，把这件事尽量促成"。这时，我才意识到副委员长在百忙中接见我，是要交代我去办两件事。我一个小小的翻译，能接受副委员长直接交代的任务，真是受宠若惊，感到无比的光荣。

"A friend's friend is a friend"（朋友的朋友是朋友），从此以后，我就与黄华有了频繁的交往。

黄华的谈话 [*]

关于海伦·斯诺

今年（1985 年）4 月，我到堪萨斯城去了一趟。5 月 6 日，去麦迪逊看望了海伦·斯诺。她年岁大了，身体不如以前那么好。住的那个地方，破破烂烂，年久失修。斯诺原来写作的小房子，周围杂草丛生。她住的房间里，东西摆得很乱，床头上还挂着氧气瓶，是救急用的。她一个人孤苦伶仃地住在那儿，也很不方便，万一有个紧急情况，也是问题。对这么一位老朋友，我们要帮助。

上个月，我给她去了一封信，还没见回音。我在那儿时，问她能不能到中国来一趟。她说身体不好，不能坐飞机。你这次去，时间充足，有机会同她长谈，你可以摸摸底，看她有什么想法。让医生给她仔细检查一下，如果能坐飞机，我们想请她来，在中国住一段时间，疗养一下。她愿意留下来，找个合适的地方度晚年也行；住一段后，想回美国也行。她如果能来，也愿意来的话，你及时给我写封信，我们安排一下，就请她来。她经济上也很困难，我们要想法资助一下她。

海伦这个人，年轻时思想敏锐，有才华。30 年代，她和斯诺一起，参与了我们的革命运动，帮助过我们的工作，是有贡献的。海伦很自信，

---

* 原稿系 1985 年 9 月全国人大常委会副委员长黄华同笔者的谈话纪要。1985 年 9 月 9 日下午，他在家里接见了笔者，进行了长达两个小时的亲切交谈。

1985 年 9 月 9 日，黄华副委员长在他家的院子里与作者的合影

对过去一些事，认识上有不全面的地方。当时情况很复杂，有些细节，他们不了解，也不可能了解。对于斯诺的工作，她的认识也不全面。她对我说，没有她帮忙，斯诺就写不出那么成功的著作。我对她说，斯诺有他自己的主见，有他自己的风格。当然喽，斯诺的思想、才华、风格，海伦是比不上的。没有她，斯诺也不会写不出来后来那些作品的。她对史沫特莱的态度也不太客观。海伦对一些问题，看法上有片面性；有些人看海伦，也有片面性，甚至很偏激。

　　还有两个斯诺夫人的问题。最近，洛易丝①来了一封信，给我也抄了一份。她说，无论什么人，凡要拍摄有关斯诺的电影、电视，都要征得她的同意，她和她的子女是斯诺遗产的合法继承人。听说海伦和一个制片人要作部片子，冀朝铸②他们表示了同意的意见，现在洛易丝又出来讲话了，不知他们准备怎么解决。30 年代，海伦在中国有独立的新闻工作。1932 年，她同斯诺结婚，一起生活、工作过 17 年。这段时间，尤其是 1931 年至 1940 年在中国共同生活的这段时间，在他们两人毕生的事业中，都是极其重要的。许多事，都是在这一段发生的，在这一段完成的。这是

---

①　指洛易丝·惠勒·斯诺，是埃德加·斯诺的第二任妻子。

②　中国著名外交家、联合国原副秘书长。

有目共睹的历史事实，应该面对这个事实，承认这个事实。不然，怎么说呢？你这次去，也会遇到这个问题的。

关于三 S 研究

我在内蒙古也讲了，三 S 是个总的提法，我们的工作，不只是局限于对史沫特莱、斯特朗、斯诺的研究，我们的工作范围很广。凡是在 40 年代、30 年代、20 年代，甚至更早一些时候，对中国革命事业，对中国人民有过贡献、做过好事的各国朋友，都是我们研究的对象。他们中的许多人去过延安，他们的许多重要活动与西北有关。所以，你们陕西的同志有工作可做，也有条件去做。

对这些老朋友，我们是不能忘记的。他们很多人已不在世了，有些还健在，我们要加紧工作，抢救资料。只要工作开展起来，资料的收集，也不会十分困难。听刘力群讲，最近已收集到不少。

三 S 工作的重点，应该放在搞资料、搞译介、搞研究、搞宣传出版上面。我们个别同志热衷于搞电影制作，搞经济实体。我对他们讲了，搞电影，我们可以在脚本、资料方面协助、参谋，但具体事情不要插手了。经济的事儿，可不是小事。可是个别同志不听，硬要搞，结果现在出麻烦了，打不完的官司。我给三 S 的同志们讲了，我们要爱护三 S 的名誉，谨防别人打起三 S 的牌子，在外面干一些不利于三 S 研究工作的事情。

关于友好城市

这几年，友好城建立了不少，对促进中外交往，起到了积极的作用。最近，中央准备对友好城市问题研究一下，看看怎么搞更好。不是说过去搞错了，出什么问题了；也不是说今后不再搞了，而是需要研究，总结一下经验。凡是关于新建友好城市的报告，现在各地报上来，国务院也暂时不会批。美国有一个州，要同江西省建立友好省州关系。不久前，江西的同志来了，找我谈这个问题。我对他们讲，可以先来往，把实际工作搞起来，当然不能称呼友好省州了，这叫作"先恋爱，后结婚"。堪萨斯城想与西安建立友好城市，先给王炳南会长建议了，今年又给我提了这事。你可以到堪萨斯城去一趟，了解一下他们的实际情况，回国后给西安市谈谈，先开展交流，时机成熟了，再正式建立友好城市关系，也不晚啊。

丁玲带给海伦·斯诺的问候

    我 1971 年读了《续西行漫记》，对作者海伦·斯诺开始产生了兴趣。1978 年 9 月，我有幸接待了来访的海伦及其率领的电视摄影小组，并担任海伦的陪同翻译。从此，我们俩就成了忘年之交，开始了长达 18 年的通信往来。

    1982 年 9 月，我第一次赴美访问，从纽约专程驱车到麦迪逊，去海伦家里拜访了她。出发之前，我在北京拜访了作家丁玲和她的丈夫陈明同志。得知我有机会亲赴麦迪逊看望海伦，丁玲便谈起了她前一年在美国看望海伦，以及她们俩 1937 年夏天在延安相识相知的情况。丁玲要我代她向海伦问好，并请陈明同志代笔写下来。当我把丁玲的短信亲手交给海伦时，海伦显得特别高兴。

    海伦 1997 年 1 月 11 日去世后，她的侄女谢莉尔及丈夫，把海伦所有的文献资料，全部捐赠

丁玲写给海伦·斯诺的问候信

给杨伯翰大学，共计 300 个小纸箱。1998 年 12 月至 1999 年 3 月，我和老伴牛曼丽同志接受杨伯翰大学邀请，帮助他们分类整理海伦资料时，发现了丁玲的这封短信，感到既惊讶又亲切，就把它复印下来了。

他的一半为何留在中国

1972 年 2 月 15 日，就是毛泽东主席在北京会见尼克松总统的前一个星期，为中美友好事业奋斗了一生的埃德加·斯诺（Edgar P. Snow）在瑞士日内瓦郊区埃辛斯村逝世。临终时，他用生命的最后力气讲出一句话："我热爱中国"，并要求把自己的一半骨灰留在中国。

埃德加·斯诺是一个胸怀民众、坚持"眼见为实"的人。他 1928 年来到中国，目睹了水旱灾荒、战争内乱、腐败政府给人民带来的苦难。他结交鲁迅、宋庆龄及广大知识界学子，苦苦寻求中国未来的希望。他克服重重困难，冒着生命危险，冲破国民党的新闻封锁，于 1936 年 6 月至 10 月访问了西北红区，以他的《红星照耀中国》粉碎了"赤匪神话"，赢得了毛泽东和中国共产党的信任和敬重，被人们誉为"中美人民之间的第一座桥梁"。在 20 世纪 50 年代"麦卡锡时期"，斯诺被 FBI 定为危害美国安全的"共党嫌疑分子"，遭到联邦政府的审查和打击，被迫离开美国，举家移居瑞士。

位于北京大学未名湖畔的埃德加·斯诺之墓

1928 年，埃德加·斯诺远渡重洋，来到中国。他没钱买船票，就充当船上的锅炉工

无论是 1941 年回到美国，还是 1959 年移居瑞士，斯诺一生总是牵挂着中国和中国人民，惦记着他和毛泽东、周恩来的友谊。1960 年 6 月 28 日至 11 月 15 日以美国《展望》杂志记者身份，1964 年 10 月 18 日至 1965 年 1 月 19 日以法国《新直言》周刊记者身份，以及 1970 年 8 月 14 日至 1971 年 2 月，斯诺曾三度访问新中国。斯诺的每次访问，都受到毛泽东、周恩来等领导人的亲切接见。1970 年 10 月 1 日，毛泽东在天安门城楼上接见了斯诺，并于 10 月 8 日同斯诺进行了重要谈话，表示欢迎美国总统尼克松来中国访问。诸如"发动文化大革命的目的"和解冻中美关系的信息，毛泽东也都像 1936 年谈个人"自传"一样，首先告诉值得他信任的埃德加·斯诺。

斯诺在生病期间，毛泽东、周恩来派专门的中国医疗小组去为他治病。逝世后，毛泽东立即发去唁电："斯诺先生是中国人民的朋友，他一生为增进中美两国人民之间的相互了解和友谊进行了不懈的努力，作出了重要的贡献。他将永远活在中国人民心中。"

斯诺对勤劳朴实、勇敢坚强、珍重友情的中国人民，总是念念不忘。1939 年 9 月访问延安期间，毛泽东邀请斯诺出席一次党政军干部大会，并亲自把他介绍给在座的干部们："这就是'真实地报道了我们'的那本书的作者埃德加·斯诺先生。"八路军战士交口赞扬他的《红星照耀中国》

时，他总是谦虚地、诚恳地说："你们才是这本书的真正作者，你们是创造历史的主人，我只是个记录员而已。"他三次访问新中国后，先后出版了《大河彼岸》、《今日红色中国》、《漫长的革命》以及《我和毛泽东谈了话》、《周恩来的谈话》等著作，忠实客观地报道了中国人民在中国共产党和毛主席的领导下所取得的光辉成就。

有一次，斯诺在江南一个农村访问，周围是一个大湖。在一只捕鱼的小船上，一个农民穿着像国画上画的老渔夫，防雨蓑衣是用棕榈麻精心编织而成的。斯诺对此十分感兴趣。当这位渔民上岸后，他前看后看，用手抚摸着蓑衣。那农民像是明白了这位外宾的心意，热情地说："您喜欢这蓑衣吗？外国买不到，是吗？我送给您吧！"斯诺大喜，热情地握手，表示感谢，但坚持要按价付钱。斯诺把这件蓑衣当作珍贵礼品，带回日内瓦寓所，悬挂在他家客厅的墙壁上。

斯诺1970年访华的路费，是一家杂志社提供的，他答应给该社写两篇文章。回去后，忙于撰写他最后一部关于中国的著作，把这事往后放了放，不料病魔缠身，不能写了，只好吃力地口述给他的夫人洛易丝，由她打字完成。就在他最后一次访华期间，斯诺把他1935年至1937年在中国拍摄的照片底片，赠送给中国的博物馆。博物馆给了他8000元报酬，他却不肯接受。陪同人员一再坚持，他只得收下。后来，他从昆明机场出境时（也是他最后离开中国），在飞机起飞前，他从飞机上递下一个包，把这笔钱原封未动地退还。

作为翻译，曾多次陪同斯诺访问的徐尔维同志说："这老头子是一个硬骨头，他每次访问中国都是不容易的，他从不愿意作为中国的客人由中国政府支付路费。他认为如果这样做，就会引起外国人的非议与诽谤，怀疑他报道的真实性。他到中国各处访问，也是如此。"他的前夫人海伦·斯诺也曾对我说："我是记者、作家，研究的领域是中国。如果我接受了中国政府的资助或款待，无论我报道得多么客观、多么公正，人家都会给我打问号，我就会失去读者。一个作家失去他的读者，就等于失去生命！我和埃德·斯诺一直都是这样做的。"

斯诺的责任感很强烈，在生命垂危的时刻，他仍然想着还有一本关于中国的书没有写完。在中国医疗小组出发前，我国政府已为斯诺在北京日坛医院准备了病房，并租好了法航班机，计划把他接到中国治疗，希望这样能够减少他的痛苦，延长他的生命。可是，斯诺先生一方面对毛主席、周总理的美好心意极为感谢，但他又说："我现在去中国干什么呢？我现在又不能为中美两国人民的友谊做什么事了，我不愿意作为一个病人到中国去，我不愿意给中国增添累赘……"

斯诺是一位乐观、幽默、风趣的人，直到生命的最后也未曾改变。1972 年 1 月，斯诺的老朋友马海德大夫同中国派出的其他医务人员日夜兼程，赶到斯诺在瑞士的乡村住宅，那时他的癌细胞已经扩散。听马老说，当他把黄华同志领到病床旁边时，斯诺一见到这两位当年在陕北时的老伙伴，又顽皮地笑了。他逗趣地说："三个老赤匪又来到一起了！"

斯诺爱憎分明，原则性很强。病重期间，他收到一封印有 The White House 地址的信件，原来是美国总统尼克松写来的，斯诺皱了皱眉头。尼克松在信中问到斯诺的健康，对埃德加的生涯表示敬佩，并说他将访问中华人民共和国。斯诺若能先期作为他访华特使，他将感到极大的荣幸。洛易丝念完这封信后，斯诺脸上露出鄙视和辛酸的表情。

1972 年 2 月 15 日斯诺去世了。2 月 21 日，美国总统尼克松来到北京，改变了中美两国 20 多年来的敌对状态。人们不会忘记，埃德加·斯诺是促进这一改变的一名先锋战士。在中国最困难的时期，他和中国人民共患难，历经艰险，以忘我的精神，写作了大量报道，使得许多不了解中国情况的人，了解到旧中国的真相，了解到中国人民的坚韧不屈，了解到红军长征以来新中国在形成和发展中的精神和面貌。他的作品，特别是他采取的许多行动，在应该支持什么、反对什么这个问题上，使人们的思想感情逐渐接近，在中美两国和解的进程中，起到了积极的催化作用。

　　斯诺在弥留之际，用生命的最后力气讲出"我热爱中国"，并要求把自己的一半留在中国。其实，早在30多年前的1941年，斯诺已经向他的读者表明了这一愿望。在旧中国旅居13年之后，斯诺1941年离开中国时，满怀依依不舍的惜别之情，写道："亚洲看起来的确好像是我实际的家，而美国则是一个未知的世界。此刻，我的身体和精神，似乎处于完全分裂的状态，我的身体是在飞机上，但我的精神却留在中国。"

斯诺为何特喜爱"西安"

许多朋友都知道，我与海伦·斯诺是忘年交，有过18年的交往。

"那么，你认识斯诺的第二任妻子吗？"有学者不止一次地这样问我。

由于工作关系，我不仅认识她，还同 Lois Wheeler Snow（洛易丝·惠

1973年，斯诺的女儿西安·斯诺一行访问延安。左起：北京翻译、杨辉、西安的姨妈、西安、龚普生、斯诺亲戚、安危

勒·斯诺）及其家人有过不少交往。1971—1989 年期间，我亲自接待他们，在西安、北京、上海、内蒙古与他们一起参加过会议。

1973 年，斯诺的女儿 Sian Snow（西安·斯诺）及其亲属来陕西访问，这是他们第一次应邀来中国访问。Sian 对我说，一到这个城市，她就有一种特别亲切的感觉，就好像来到了一个很熟悉的地方。

"我走在大街上，常常听到有人在呼唤'Sian，Sian'，我回头望去，没有我认识的人啊。"她说："现在看来，Sian 叫起来不仅好听，她还有那么悠久的历史！"

我说，西安是你爸爸成为世界著名记者的出发点，他不会忘记西安，他特别"爱西安"啊！她对我一语双关的"爱西安"，报以甜蜜的微笑。

在延安，Sian 问我："为什么西安、延安、保安这些地名里，都有一个'安'？'安'是什么意思啊？'"

我说："安"，是平安的意思，表达了中国人民期盼平安、热爱和平的愿望。你爸爸终生为世界和平事业而工作，中国人民期盼和平，他自然就热爱中国人民。

Sian 是个温柔甜蜜的姑娘，当时有 20 岁左右，给我留下了很好的印象。后来，我听说她在日内瓦为联合国做翻译工作。

1979 年，洛易丝·惠勒访问西安，我给她特意安排了三个不同的参观点。首先，我把她带到荒凉

汉代未央宫御殿遗址

的未央宫旧址，给她看斯诺走向世界的出发点。我领她站在高高的未央宫大殿地基的遗址上，给她讲43年前在那儿发生的故事。

1936年6月，斯诺到达西安后，他的秘密联络人王牧师告诉他，不能乘飞机去陕北了。如果那样做，很有可能会引起张少帅(张学良）难堪，因为如果有一个外国人丢在前线不回来，他那个美国飞行员很可能走漏风声。所以，斯诺必须改乘大卡车到前线去。

两天后的早晨，王牧师建议到西安城外汉代长安城遗址游览。在西京招待所外面，有一辆挂着窗帘的小汽车等着他们。上了汽车后，斯诺看到车里坐着一个人，戴一副墨镜，身穿一套国民党官员穿的中山装。他们驱车前往汉代未央宫遗址，蹬上汉武帝御殿隆起的土堆。

王牧师和那个东北军军官有几句话要说，所以他们走到一旁说话去了。那个国民党官员，一路上没说过一句话。这时，他向斯诺走了过去，卸下墨镜，摘掉白帽。斯诺这才看出他相当年轻，一头黑油油的浓发下面，一双闪闪发光的眼睛紧紧地盯着斯诺，他的青铜色的脸上露出了恶作剧的笑容。在他卸掉那副墨镜之后，斯诺一眼就看出来了，他的制服是件伪装，他并不是个坐办公室的官僚，而是个户外活动的人。他中等身材，看上去力气不大。他走过去，突然一把抓住斯诺的胳膊。斯诺压根儿没有想到，他的手像铁爪子似的那么有力，不禁痛得退缩了一步。斯诺注意到，这个人的行动，有一种黑豹的优美风度，在那套硬邦邦的制服底下，一点儿也不失轻巧矫捷。他把脸凑近斯诺，露出笑容，锐利的目光紧紧地盯着斯诺，然后摇摇脑袋，滑稽地噘起了嘴，向斯诺眨了眨眼睛！

“瞧瞧我！”他低声说，好像一个有什么秘密的孩子一样高兴。“瞧瞧我！瞧瞧我！你认出我来了吗？”

斯诺不知道这个人是怎么回事，只见他兴奋地说些他听不懂的话，结果他那种兴奋情绪也感染了斯诺。不过，斯诺觉得很尴尬，因为他不知道说什么才好。斯诺在中国已经生活了8年，还从来没有遇到过像他那样的中国人！斯诺抱歉地摇了摇头。

那人用手指了指着他的胸膛："我以为你可能在什么地方见过我的照片！我是邓发。"

他说"邓发"两个字时，脑袋向后一仰，看着斯诺对这个"炸弹"的反应。

邓发？邓发……哦，邓发"是中国共产党秘密警察的头子"。国民党悬赏 5 万元要他的首级！

邓发泄露了他的身份以后高兴得跳了起来，按捺不住自己内心的激动，对目前这种情况感到好玩。斯诺想，邓发——这个鼎鼎大名的"共匪"，就生活在敌营中心，把追缉他的特务们不放在眼里！邓发看着斯诺，对这个自告奋勇到"匪"区去的美国人感到很高兴——又一次拥抱了斯诺。

真是个意想不到的中国人！真是个意想不到的"赤匪"！

邓发是广东人，出身工人阶级家庭，曾经在一艘来往于广州与香港之间的轮船上当西餐厨师。他是香港海员大罢工的一个领导人，被一个不喜欢罢工的英国警察打伤了胸口。他之后加入共产党，进了黄埔军校，参加了国民革命，1927 年以后到江西参加了红军。

他们在那个高高的土堆上待了一个多小时，一边谈话，一边看着下面绿草掩盖的

邓发在苏区

1945 年，邓发在武汉

皇城遗址。斯诺无法形容那一刻在他感情上引起的奇怪冲击……

邓发告诉斯诺由谁护送他去红区，他一路怎么走，在红色中国怎么生活，交代得很仔细，并且向斯诺保证："你在那里会受到热烈欢迎的！"

"你不怕丢掉你的脑袋吗？"坐车回城里去的时候，斯诺问邓发。

"张学良不怕，我也不怕！"他笑着说，"我同他住在一起。"

我津津有味地讲着这个故事，洛易丝兴奋地听着，简直有点儿如痴如醉。我说，咱们走吧，还要看一看西京招待所呢。洛易丝在遗址高高的土堆上转了一圈又一圈，恋恋不舍地往下走，一边走，一边自言自语地说："原来是从这里出发的！从这里出发的！"

在西京招待所的院子里，我向她介绍了 1937 年 4 月一个深夜，海伦翻窗逃往延安的惊险经历，给她指看了海伦住在一楼拐角的那个房间和窗户。洛易丝不无感慨地说："她和埃德加当时确实不容易啊！"我还给她在西外（今西安外国语大学）安排了一场讲座，受到学校领导和师生们的热

洛易丝·斯诺在西安外语学院受到热烈的欢迎

烈欢迎。

　　1989 年后,我与洛易丝联系过两次,她没有回复。由于她的处境及家庭困难,"失联"就不难理解了。我 2013 年访美时,戴蒙德老先生告诉我,洛易丝的儿子不久前病逝了。老年丧子,无疑对她是一个难以承受的打击。

斯诺 1939 年的延安之行

（一）

　　长期以来，不少人说"美国记者埃德加·斯诺（Edgar Snow）1936 年去延安采访，撰写了著名的《西行漫记》，即《红星照耀中国》（*Red Star Over China*）"。事实上，斯诺 1936 年去的不是延安，而是到了陕北的保安（今志丹县），采访了毛泽东及红军将领，然后西行，去了甘肃、宁夏一带继续采访。1937 年 1 月 7 日，毛泽东和中共中央从保安搬迁到延安。1937 年 5 月 2 日至 9 月 14 日，斯诺夫人海伦·斯诺（Helen Foster Snow）访问了延安，为其丈夫正在写作的《红星照耀中国》采访急缺的材料，补拍书中急需的照片。

　　不错，埃德加·斯诺也曾访问过延安，那是三年之后的 1939 年 9 月下旬。他的延安之行有 10 天时间。在这次访问中，毛泽东同他有过两次正式谈话，

1939 年 9 月，埃德加·斯诺到访延安，再次见到了毛泽东，老朋友相见甚是欣喜

王汝梅（即黄华）担任翻译，把谈话内容全文记录了下来。

斯诺发现毛泽东从保安迁到延安后，住处变得相当"现代化"，一排三居室的窑洞，远离延安城区，显得非常安静。他还注意到，毛泽东异乎寻常地安详、闲逸，好像没有什么能打扰他似的。他温柔敦厚，深得生活的乐趣，比起蒋介石来，他谈话的语气，没有任何"紧张"的痕迹。

（二）

与埃德加·斯诺正式谈话前，毛泽东于 9 月 21 日邀请他一起吃晚饭，并进行了一些不做记录的聊天。过后，斯诺把这次聊天的内容，以日记的形式记录了下来。

毛泽东与斯诺聊天的范围很广：罗斯福的对外政策，美国民主党和共产党，统一战线的新问题，欧战，八路军和国民党的关系，苏联对欧洲政策及其对中国的影响，等等。

毛泽东向埃德加·斯诺打听工业合作社的消息，问"工合"是怎样开始的。斯诺向他说明中国工业合作社的起因：它是前一年在上海创立的，经过国际委员会被肯定了下来。直到"工合"基金筹备委员会成立之后，才被广为传播。斯诺在谈话中，特别强调了工业合作社对游击区的价值。实际上，毛泽东是完全支持工业合作社的。一年前在武汉时，斯诺曾写信给毛泽东，详细描述了工业合作运动的情况，毛泽东已经表示了支持。1939 年 2 月，路易·艾黎（Rewi Alley）[①] 搭乘印度援华医疗队的车来到延安，也向毛泽东介绍了"工合"成立以来的发展状况，毛泽东表示赞同他们的事业，并鼓励艾黎坚持下去。

---

① 路易·艾黎，新西兰教育家、作家，工合运动重要发起人。1938 年 8 月，在陕西宝鸡建立了第一个工业合作社。1942 年，在陕西宝鸡凤县创建培黎工艺学校。

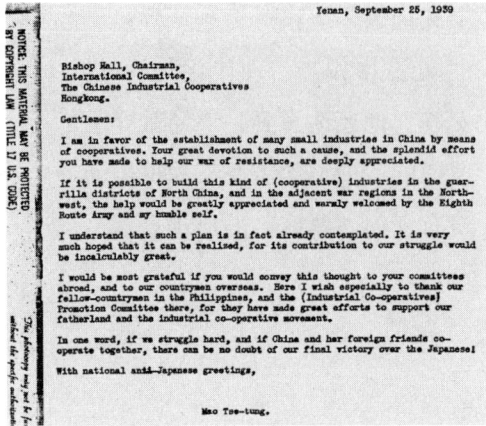

毛泽东 1939 年 9 月 25 日给香港工合国际委员会的信（英文本扫描件）

毛泽东放下烟头，两眼微合，眯成两条缝，审视着周围的一切，并就"工合"发表了长篇大论。毛泽东说，"我支持这种设想，战时建立较多的小工业，作为经济建设的重要部分，在整个后方能起到帮助恢复工业的重要作用。发展工业合作社，我们可以达到如下目的：①阻止敌货从敌占城市，倾入广大的游击区；②利用中国自己的资源和宝藏，为自己的工业服务，避免受日本的剥削；③使游击区在经济上有个自力更生的基地，以便支持长期战争；④训练自己不熟练的工人和失业工人，从而使日本不能以此来卡我们；⑤以工业产品和农民交换粮食，以维护农村的繁荣。中国人应该支持这个进步的运动。

"中国的工业合作社，首先要把它的注意力放在游击区的需要上。在敌占区，游击区的斗争极其重要。如果让敌人征服了这些地方，就很难谈得上什么工业合作社之类的事情了。"①

9 月 25 日，毛泽东亲自提笔，给工合国际委员会正式写信，表示完全同意在西北和华北地区建立工业合作社的倡议，并衷心感谢工合国际委员会和广大海外侨胞对中国抗日战争的大力支持，并请斯诺将这封信亲自寄往香港。②

斯诺在延安住了 10 天，除正式访问外，在偶然的社交场所，也见到过毛泽东。有时，斯诺还去他家喝茶、打扑克。毛泽东也学打桥牌，有一

---

① 摘自埃德加·斯诺《去延安重访毛泽东》（*Meet Mao in Yenan*）。
② 见毛泽东 1939 年 9 月 25 日给香港工合国际委员会的信。

次，斯诺和他，还有他的妻子一起打扑克，打到凌晨 1 点钟才歇手。有几个晚上，他们打着扑克牌开心。1936 年夏天，斯诺访问保安时，毛泽东就学会打桥牌了。斯诺记不起，是马海德教会毛泽东打牌的，还是他的一个"学生"①。斯诺在日记里写道："毛泽东是善于打扑克的，不过，玩起一种'吹牛'的游戏时，他却不高明了。他善于把这些当做开心的玩艺儿，拿得起，放得下，可称得上是一位合群的扑克对手。"②

在斯诺看来，毛泽东的健康有所好转，体重增加了。斯诺问他喜欢戎马生活，还是喜爱坐办公室。毛泽东说，他酷爱戎马生活，他的肠胃病在长沙战役期间，比在别的时间要好得多。

在聊天中，毛泽东问了斯诺一大串问题：美国的地理环境、自然气候、人民生活；他还问到美国南方的黑人在争取选举权上取得的进展、文盲的统计数字、美国的印第安人及其遭遇。他对美国历届总统中没有一位是天主教徒深为惊异。他问斯诺，这是否意味着美国在宗教方面有着强烈的摩擦？他还问到美国大多数人的婚姻嫁娶情况。他对美国黄石公园也很感兴趣，问斯诺到过那里没有？他认为，中国也应该有一个中国的黄石公园。他说，他始终不理解美国的禁酒法令是怎样在国会通过的。他说，对美国文明的科学技术的任何一个领域，他都有很大的兴趣。同时，他也被他所听到的有关加利福尼亚的一切所深深吸引。他也想出国到处看看，了解一下国外的情况。但他对中国的一切了解之前，是不愿意出国的。虽然他跑了大半个中国，但中国还有很多"迷宫"，有待他进一步去探索。毛泽东说，中国和苏联一样，本身就是一个"世界"。

斯诺在日记中写道："在这次访问中，我见到了毛泽东的新妻子。她原先是一位女演员，1937 年全民族抗日战争爆发后来到延安。去年早些

① 学生，指黄华。
② 摘自"斯诺日记"（1939 年）。

时候，已听说毛泽东和他的妻子贺子珍发生口角，接着就分手了，她带着最小的孩子去了苏联。1936 年在保安时，我还看见他们夫妇俩日夜在一起。贺子珍曾和毛泽东一起，从江西长征到达保安的。"①

---

① 摘自"斯诺日记"（1939 年）。

海伦为什么要来中国

1907 年 9 月 21 日，居住在犹他州雪松城（Cedar City）的一对年轻夫妇——约翰和汉娜·福斯特，迎来了他们自结婚之后最兴奋的一天。汉娜·福斯特夫人在她的日记里写道："一个娇媚的小生命，降生在我们家，是个女孩儿，八磅重，一对深蓝色的眼睛，总是像两颗星星那样明亮。她与众不同吗？是的，我们同第一次作父母的人一样，都感到非常自豪"。

他们给婴儿取名海伦。海伦从小就很聪颖，记忆力极好！刚满两周岁时，就学背一本叫《鹅妈妈》的书，她能背会那本 300 多页书中的每一首歌谣。8 岁时，她读了一本叫《绿野仙踪》的书，幻想着到非常遥远的地方去，当一名大作家。

在雪松城读小学、初中时，海伦总是喜欢写作。1920 年，高年级编写剧本，她开列了一份读书单；然后，她为他们年级写了

两岁的海伦

Li'l Ph'losophy On th' Spring.

"Why isn't it Springtime all the
　　year?"
A pert young Freshman asked.
A senior bow'd with knowledge down.
The experience of the past.
"Green fool, when young as you I was
　That question I might have pond-
　ered.
But having older grown and wise,
　'Tis wondrous that I wondered.
Springtime is always here and it is
　　everywhere.
No heart but has its bursting bud;
No bead but has its latent sap;
　No voice without its laughing glee;
No eyes without their mystery.
So now, ye verdant youngster,
Stand not in a hurried man's way
And consider the question again,
　old top!
Then see what you have to say."
By Helen Foster age 15
1923

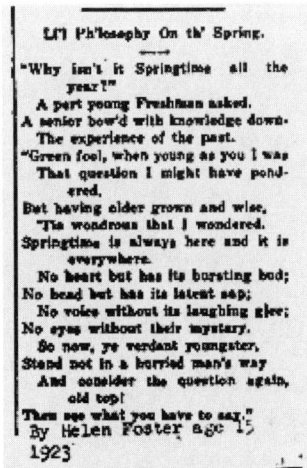

海伦 15 岁时发表的诗作

刚满 16 岁时的海伦

她的第一个剧本，被认为是一名聪颖过人的学生。福斯特夫妇认为，如果海伦能到犹他州最大的城市盐湖城读高中，就会受到更好的教育。1923年，海伦去盐湖城同奶奶和姑妈一起生活，在西部高中读书。15岁时，她就在当地报纸上发表了她的处女作。

海伦在西部高中上学期间，担任学生会副主席、学校《年鉴》副主编，是学校各个俱乐部的活跃分子。海伦讲过，她情愿做副主席，不愿当主席，因为副主席的角色，是一个具有影响力的角色。她说，她喜欢这个角色，那就是她终生都担任的角色。她补充说，做领袖人物的部分原因，就是要树立好榜样。海伦1925年从西部高中毕业后，在犹他大学选修了一些课程，然后就开始工作。在犹他大学短暂的学习期间，她参加了全校举办的作文竞赛，一举夺魁，获得一等奖。

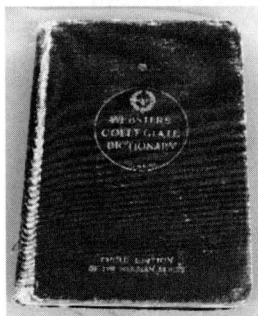

海伦获得的犹他大学作文竞赛一等奖奖品：《韦氏大学词典》。这部 1925 年出版的《韦氏大学词典》目前在西安"八办"纪念馆《伟大的女性——海伦·斯诺在中国》图片实物展中展出。

海伦没有正式上

大学，一则是为了减轻父母的经济负担，因为两个孪生弟弟也要上学。二则不满足学校的教育，觉得不如一边工作，一边自学。

为了去外面的世界开阔眼界，实现梦想，她就得努力奋斗——必须挣钱，学会本领，建立良好关系。她找到的第一份工作，是担任白银集团的先锋——美国采

1931 年 7 月 14 日，参议员里德·斯穆特为海伦写的介绍信

矿会议的秘书助理，薪金不错，几年下来，积蓄不少，这样她才有可能出国旅行，从事写作。且这份工作时间自由，正是她学习的好机会。她广泛阅读报刊书籍，为该集团收集资料；同时自修在高中学习的法语和西班牙语，还学习了意大利语。她通过了外交文职公务员的考试，寻求到了一个在驻外机构工作的机会，让她的西班牙语、法语和意大利语也派上了用场。1931 年，海伦在白银集团参议员里德·斯穆特（Reed Smoot）以及海伦父亲在斯坦福大学的一些校友，如当时的胡佛总统（President Hoover）等人的帮助下，到达了中国。

1931 年 8 月，23 岁的海伦告别家人，搭乘"林肯总统号"汽轮，历时 3 个星期，远离家乡 8152 公里，抵达上海。她原计划在中国最多待一年，可是直到 1940 年 12 月，她才离开亚洲。同船前往中国的旅客中，没

来华前夕的海伦

有一个人到过东方，海伦是唯一的"中国通"，赛珍珠（Pearl Buck）写的《大地》刚一出版，她就读过了，而且她还在读 E.T. 威廉姆斯（Williams）写的《中国的昨天与今天》。她曾经读过约翰·本杰明·鲍威尔（J.B. Powell）写的报道，是一位老资格的"中国通"借给她的。报道叙述了1923年鲍威尔被匪徒绑架的始末。她还把 E. 凯恩（Kann）的《中国通货》一书带到汽轮上，曾试图把这部巨著也弄懂弄通。

海伦的正式工作是在美国驻上海总领事馆当文书。她的第二份工作是向国内那个被诙谐地称为"白银集团"的组织，报道白银取代黄金作为通货本位的优越性。海伦排到第三位的工作，也同经济形势有关。在美国国内，大萧条已临谷底，西雅图的美国邮轮公司，因缺少游客而濒于破产。由于这一缘故，她在以西雅图为基地的斯克利普斯·坎菲尔德报业联合会（The Scripps-Canfield League of Newspapers）谋到了一个职位——但是所写文章，必须是旨在振兴垂死的旅游业，向"具有魅力的金色东方"发展。

19世纪上半叶，美国人在一个时期内，主要通过1918年成立的康涅狄格州的拉塞尔公司（Russell & Company）支配着东方的贸易。在上海外滩仓库区一带，他们用红砖建造的库房古色古香，宛若一座座堡垒，巍然矗立，延伸至好几条街道。美国与中国交往的历史甚至更为久远：驶到中国的第一艘美国轮船，是1784年乔治·华盛顿生日的那一天起航的。

在"林肯总统号"汽轮上，海伦感到自己是这一古老历史的一部分。她站在船首，像一只插在古代帆船上的木偶那样面对着未来，洋溢着青春的活力，满腹壮志。来到中国，对她是一件头等大事，她要尽力利用这个机会，不浪费一分钟时间。汽轮刚一靠上码头，她的一只脚就跨上栏杆，准备下船，踏上中国的土地。

外国占领下的上海外滩，再也不会像1932年日本袭击前那5个月一样，散发着欣欣向荣的光彩。当时英籍阿拉伯人萨松（Sassoons）一家，把他们的资本转移到上海，在外滩建造了最高的楼房——华懋饭店（Cathay Hotel）。大商号的代办们挥金如土，在那儿租用房间，彼此宴请招待，谋求旅游业的发展。

为了面子，外国人必须乘坐头等舱旅行。海伦事先得到了这样的提醒，并为他们的头等舱船票支付了500美元。然而，海伦一行游客却并不住刚刚竣工、费用昂贵的华懋饭店，而是去有些年头的礼查饭店（Astor House），这也符合美国的传统。礼查饭店原由一位美国船长和船上的木工们所建，一度曾是上海最好的旅馆。

海伦怎么知道礼查饭店呢？这儿原是一个报业帝国的活动中心，由密苏里大学新闻学院的三个漂洋过海的人物托马斯·密勒（Thomas Millard）、约翰·本杰明·鲍威尔（J.B. Powell）和埃德加·斯诺（Edgar Snow）先后执掌。海伦带着父亲斯坦福大学校友们写给托马斯·密勒和他的弟子约翰·本杰明·鲍威尔的介绍信。托马斯·密勒是东方报界所有人的老前辈，自1900年到达上海后，一直住在那儿，为《纽约先驱报》报道义和团起义。J.B.鲍威尔受密勒派遣，自1917年就在上海安营扎寨，协助创办《密勒氏评论报》，成为在远东最有影响的美国报刊。

海伦没给埃德加·斯诺带信。斯诺1928年来到上海，时年22岁，住在礼查饭店，担任该报的助理编辑。海伦带着一个标着"斯诺"名字的文件夹，里面装满斯诺写的文章剪报，其中包括她从《纽约先驱报》上剪辑下来的几篇。海伦在美国矿业联合会的职责之一，就是从那份报纸上剪辑永久性资料。当她手拿剪刀，坐在她的办公桌前的时候，她曾经就想，"我为什么不能外出旅行，写那样的文章呢？"她甚至想入非非，认为主张女权主义的报馆老板奥格登·里德（Mrs. Ogden Reid）、编辑威廉·布朗·梅洛尼（Mrs. W.B. Melony）夫人，对一个女性写的文章，可能会比对埃德加·斯诺的文章更为重视。

礼查饭店距码头很近，可是有人劝她还是搭乘黄包车。海伦以为有暴民会袭击旅客——原来他们是争抢生意的车夫们。她坐的黄包车，在成群结队的乞丐之中挤出一条路来。那些乞丐衣衫褴褛，肮脏不堪。前来接船的美国邮政汽船公司的代理人，从他乘的黄包车上站起来向海伦挥手。"中国现在没有人敢伤害外国人！"他喊道，"只是看起来有危险，不要理睬他们！"

礼查饭店前面，20多辆黄包车停在狭窄的街道两旁。她下了车，像所有新来者那样，交付给保安坑人的小费，只为了得到一个安全、舒适的住处。礼查饭店对面的堤岸上，有一座巨大的、堡垒似的古式建筑，窗户装饰异常华丽。当海伦的车夫让她从笨重的车门里下来的时候，面对那冷清的地方，她真有点儿不寒而栗。

海伦在礼查饭店的门厅登记住宿，并没有等待多久。入住饭店的旅客，都有一个身穿白衣的茶房，笑容可掬，殷勤周到，把他们送到各自的房间。饭店还在走廊里派人值班，机警地留心着客人每一个微小的需求。

1929年，随着华尔街股票市场的崩溃，白银贬值，几乎毁掉了美国的白银开采业。旅居中国的外国侨民，由于汇率有利，一美元兑换四五个中国银元，用很少的费用过着华贵的生活。在上海的3808名美国人（在全中国共有7000人）过着奢华的生活，而世界上的其他人却"被钉上了黄金做的十字架"。海伦对中国之行感到自信，她渴望学习。然而，对"通货"这一复杂事物的研究意图，她却不得不最终放弃了。

　　礼查饭店的房费非常低廉，每天房费只付 2 美元。海伦站在她那间高大的房子中央，一股潮湿发霉的气味扑鼻而来。一副灰色的蚊帐，把一张巨大的维多利亚四柱围床，严严实实地罩了起来。接着，她好不容易拉开了几个用红木或者柚木做成的沉重的桌斗，里面用的是樟木或者檀木装板，有些还是桂木。这些木料的香气，同发霉的空气混合在一起。几十年后，无论何时何地，海伦只要碰到那种气味，就回想起东方。她原来的一些纸张和旧手稿，直到她的晚年，仍带有在檀木家具里放过的那种气味。

一见钟情

在美国驻上海总领事馆报到后，海伦就询问副领事："埃德加·斯诺在上海吗？"那位又瘦又高、态度友好的副领事告诉海伦："斯诺刚从印度回来，您想见他吗？"

"有这个想法。"海伦回答道，语气有点儿谨慎。

"我替你打电话给他。"副领事说。那时打电话，没办法保密，扯着嗓子讲话，把大家全逗乐了："斯诺吗？这儿有位福斯特小姐想见你。从西雅图来的，今天刚到。……胖？哦，对，胖。50岁，可是保养得很好。……阔气？满身珠光宝气！斯诺，如果我是你，我才不烦呢！……好吧，让我问一问。"副领事用手捂住听筒，低声对海伦说："他请我们到咖啡馆喝茶——马上去，就在附近。"

副领事解释说，那家咖啡馆是上海能搞到冰激凌的唯一的地方。"可是，福斯特小姐，您首先需要一名私人车夫。由领事馆里的领班作保人，可以当随身保镖使用，全天跟着你，每月才只花您5元钱，您要，还是不要？"

"要的。"海伦同意了。"这是一次正式拜访，是公事。"海伦心里想，"是第一次为斯克利普斯·坎菲尔德联合会办事。"

那家新建的咖啡馆是美国风格的，很摩登。天气又酷热又潮湿，使人难以忍受，他们无精打采地坐在一张小桌旁等候。"斯诺总是迟到！"副领事解释说。斯诺在印度旅行，曾患过病，因而回到上海求医治病，准备写书。斯诺以他自己的方式办事，从不仓促。他还说，正在那时，斯诺因为写了一篇丑化在上海的美国人的文章，正触霉头上。他又补充了一句："如果您想知道的话，他尚未结婚……我也没有。"海伦没理睬那样的暗示。

"这不，他来啦！"副领事站起来，等着握手。海伦抬头一看，一位身体结实精干、身着白色服装的人出现在她的眼前。他脸色苍白，雀斑明显。海伦希望斯诺没有看出她的失望——海伦曾把他想象成一个勇敢无畏、意志坚强、体魄健壮的环球旅行家。海伦自己也算是一个体育爱好者，断断续续地参加锻炼，习惯了运动型的人，而看不惯病态的面孔。要在东方成为一个真正的旅行家，难道这就是必须付出的代价吗？

斯诺向海伦走过去的时候，两眼直直地看着海伦的脸，脚被椅子腿绊了一下。斯诺拉出一把椅子坐下，连他姓啥名谁也没说一声，直盯着海伦的眼睛。"您就是埃德加·斯诺先生吧？"海伦笑着问道。

"美国小姐，自从 1927 年我离开堪萨斯城以后，再也没有见到过像您这样的人了。您使我想起隔壁邻居的姑娘来。我已经把像您这般年龄的姑娘们是个什么模样都忘记了。我看不到宝石项链，也看不到 50 岁发福的阔太太。"

"我不喜欢钻石宝玉。"海伦伸出光秃秃的无名指。她告诉斯诺，她把他发表过的东西，差不多都读过了，并请求斯诺接受她为斯克利普斯·坎菲尔德联合会进行第一次采访。"他们什么也不要，只接受那些'有魅力的金色东方'之类的材料，以振兴旅游业。"

"斯诺清秀英俊，惹人喜欢。"海伦断然这么想着，努力克服她对斯诺的最初印象。他有一头棕黄色的自然卷发，一双棕色的眼睛，配上长长的睫毛，又漂亮，又热情，在他们交谈时，间或眯缝起来，好像蒙上了一层薄雾。斯诺举止自然，不拘小节，易于相处；他教养有素，相当文明，不怕暴露自己，不怕亮出他自己的观点。海伦喜欢这一点。海伦把她的"埃德加·斯诺文件夹"递给原主。她告诉斯诺，剪辑有关中国及白银的文章，是她在美国矿业联合会工作的一部分；同时，她把埃德加·斯诺写的文章收集起来，凡是看到的统统剪了下来。

斯诺翻了翻文件夹，抬起头来，一双棕色的眼睛里噙满泪水。他的声音有点儿颤动："如果我有一幅你辛勤剪辑的照片，我会写得更好一些的。您是找我采访的第一人。"

海伦以她最策略、最富于建设性的方式，把身子倾向前方，把斯诺捧得心花怒放了："难道您不知道除了赛珍珠以外，您是最著名的报道远东问题的美国作家吗？"海伦接着告诉斯诺，她是银本位的支持者，而不主张金本位。"我们喜欢中国人，因为他们有理智，以白银为通货，而不用黄金。我们有大批多余的白银出售。"

伺机拿别人善意地取笑，斯诺可从来也不迟钝："不喜欢宝石，不喜欢黄金——1931年的银本位小姐，您现在降到我的通货水平了。这是命啊！是命定说，是纯银命，是纯粹的。正如中国人所说，独立于天地之间的人，一生有一次，应享有一点儿'命'。当我在西藏边界的时候，灵机一动，买了一枚银戒指。尽管我并不知道会有一个姑娘喜欢它——甚至连我的姐姐米尔德里德也不喜欢它。"

"'命'是什么东西呢？"海伦很想知道。"我这一路来到中国，并不是为了要佩戴别人的银戒指。我来到这里，目的同你一样，我想成为一个大作家，我想旅行。我一直在攒钱，攒了很久了。我一直在读书，见书就读。"

"啊，我明白了，小姐。您一直在阅读《在伯尔山口那边》和《同劳伦斯一起在阿拉伯》，同我在堪萨斯城做的一个样。'命'，是个中文单词，意思是命运，就是把你带到咖啡馆的那种力量。给这个词加上另一个小小的单词，你就得到了一个伟大的思想——革命，就是英文的revolution，意思是'改变命运'。这就是发生在我身边的事情，发生在这个咖啡馆里的事情。"

"您会戴上那只戒指的，"副领事假装嫉妒地说，"我从未在一张小小的饭桌前看见这么多的'命'。"

在斯诺的事业处于十字路口的时候，他与海伦相逢。当时，斯诺正处于人生的低谷。中国云南—印尼—缅甸—印度之行的经历，对斯诺产生了永久性的影响。令他沮丧的不仅是再次身患疾病，而且是处处可见的绝望、迷信和贫困。接着，他来到上海，发现了一条由美国人结成的仇视他的统一阵线，因为他在《美国信使》月刊上发表的讽刺这帮美国人的文章激怒了他们，甚至连他的同事密勒和鲍威尔也生气了。英国警方还买通了一个白俄告密者，捏造了一份档案材料，说他是激进分子。1931年，斯诺被列入日本人的黑名单。20世纪20年代的这个幸运儿，无忧无虑，无须责任，反对崇拜偶像，傲慢无礼，这时也不得不面临一个危险的世界。

斯诺把海伦剪辑的他那篇《美国人在上海》的文章挑拣出来，脸色阴沉了下去："这是我平生第一次遭人反对。"他说。他正受到排斥，甚至在报纸上遭到攻击。他说，他现在很能理解约翰·鲍威尔因支持国民党，在1927年美国商会选举中被击败时是什么样的感受。他说："我实在不知道我为什么要回到上海！"

"得做银戒指嘛！"副领事喝干冰激凌汽水，换了一口气说。

"你为什么回来呢？"海伦一面问，一面习惯地掏出了铅笔和笔记本。

"我正在周游世界，刚到印度，就获知我母亲去世的消息，我无心旅行了，决定回上海写我的游记。此地生活花费确实很便宜——多谢白银集团小姐。"

海伦对斯诺说："您想想，您做到了我想做的一切——然而没有一个女性能够那样旅行。啊，我多么喜欢旅行——可是我也许永远看不到湄公河。如果我是您，我不会牢骚满腹，怨天尤人的，我会写出一本畅销书。我喜欢书籍，我相信书籍。我并不想成为一名驻外记者，那只是闹着玩儿的。"海伦责备他人的天然热情，在这个当儿一下迸发出来了。

"好吧，永久牌极乐派小姐，您只是到了南京路上的咖啡馆。"斯诺的兴致又来了。"您埋怨什么呢？要写书，您必须到中国的第一年就写，否则就会失去一个外来人观察事物的正确看法。我感到厌倦，感到懊丧，感到疲惫不堪，我同自己的读者脱离了。谁会想去读一本沉闷无趣、晦涩难懂的书呢？前景太无望了！"斯诺说，"我想家，出国已经3年了。"他1927年离开美国，时值大萧条前最繁华的时期。他和哥哥霍华德都无心继承父亲创办的斯诺印刷公司。这个公司承印过《堪萨斯城明星报》。当斯诺还在密苏里大学上学时，就在这个印刷公司对报纸有了初步认识。"我原打算只花一年工夫做一次环球旅行。"斯诺说，"所以我就回到了这个令人意气消沉的地方，我甚至没法写作。"

"您不要放弃写作游记的计划。"海伦用责备的口气说，"我等不及了，我要读。美国所有精明能干的年轻人，都想出来旅行，可是办不到，难道您不知道这个情况吗？您就是代表他们。试想想，撑着大篷车随《国家地理》杂志组织的旅行团旅游，该多带劲啊！您有个好题目没有？"

"有啊，《彩云之南》。然后，它一完成，我将踏上经欧洲回家的征途——经西伯利亚，一直回家。"

"您想象不到，我来到上海是多么艰难。"海伦说，"若不是我答应在美国总领事馆供职，就不会批准我来。我不得不上上下下地发动父亲在斯坦福大学的同学，从胡佛总统、参议院财政委员会主席……到密西西比共和党的巨擘，还有美国采矿联合会的巨头大亨们，统统动员了起来。我放弃了我在采矿联合会里的美差——我是说，一个小小的文书。"这一次，斯诺笑出了声，显而易见，海伦已经替斯诺回国旅行了。

"您使我想起了我的母亲。"斯诺求婚了。"你是我见到的第一位驻外记者。"

海伦反驳道："可是，不要说那样的话，我全身披挂着雅典的战袍。我已下定决心，在我完成某些旅行写出一本书之前绝不结婚，至少在25

岁以前不结婚。"

"我有同样的想法。"斯诺说，"我正在写我的第一本书，不管会怎样，试着写吧。"海伦接着说："我将随时开始我第一本书的写作。"

海伦结交的男青年不止一个，都有着这样的计划：25 岁以前不结婚，出国留学以前，或至少是旅游以前不结婚，"在自己的工作"中有所建树以前不结婚。

1931 年，会见第一位驻外记者，绝非区区小事。海伦已经知道，埃德加·斯诺专心于自己的工作，只是开开"希腊女神"①的玩笑而已。他们观点一致，而这个观点，恰好是运转天地的杠杆支点。他们同未来结盟了，他们俩都明白这一点。是的，从第一天就明白这一点。

那是海伦最后一次见到斯诺精神沮丧，心情不快，尽管他坚持认为，他 1941 年离开中国时，也是不大愉快的。在那以前，斯诺从来没感到烦恼，也很少去做他不想做的事情。

"若不是为了你，我 1932 年就离开中国了。"斯诺后来对海伦这样说，"你使我在中国得到一个彻底的充满希望的新生——这种生活延续了 9 年，或者更长一些。"

---

① 斯诺曾称呼海伦为"希腊女神"。

战地女记者

1932年1月28日，上海的华埠陷入了一场荷枪实弹的战斗。一方是日军侵略，一方是十九路军奋起自卫。在上海联合公寓的顶楼上，海伦占据了一个正面观望的位置。同她一起在顶楼观战的，还有美国海军军官的夫人们，她们也住在联合公寓，都是相互认识的熟人。连续34天，她们能听到子弹和迫击炮弹的呼啸声，能听到炮弹的爆炸声。夜里，她们看到炮火的强光，看到火苗在附近的茅屋中燃烧。美国国内报纸上登出海伦的照片，大标题是"在上海面临危险"。

在一份简报以及给家人的信件中，海伦曾这样写道："日本飞机在上海市上空轰炸，火车总站被炸毁。华埠火光冲天，没有控制的希望。日本海军已完全占领了闸北区。"在一篇文章中，海伦是这样描述居民从闸北撤退，涌入公共租界的："他们时而回过头来，看着烈火冲向几十米的高空。家里的东西，能随手抓到什么，就拿着什么逃到租界去。公共租

Facing Danger in Shanghai

Among Salt Lakers in Shanghai is Miss Helen Foster, former secretary to A. G. Mackenzie, executive secretary of the Utah chapter, American Mining Congress. She is the daughter of Mr. and Mrs. John M. Foster of Cedar City.

Others in the danger zone from Salt Lake include Mr. and Mrs. A. R. Hager, Lieutenant-Colonel Nelson E. Margetts, Miss Harriet McCloskie and Dr. Ruth King Chang, are all in Shanghai. Lieutenant and Mrs. Robert H. Soule and Mrs. Soule's mother, Mrs. Elizabeth Hoffman, are at Peiping; Captain and Mrs. D. D. Barrett are at Tientsin, and Sister Mary Jane is at Han Yang on the Yangtze river south of Shanghai.

美国盐湖城报纸刊登消息，称海伦"在上海面临危险"

界里已有100万人口，拥挤得不能再拥挤了。……难民医院和难民收容所，已经满得容纳不下了。……我们不知道这儿会发生什么事情。这儿驻扎着步兵第三十一团，有17名士兵临时住在我们楼上的8层，所以我认为外国人是安全的。"

然而，埃德加·斯诺却冒着枪林弹雨，在充满危险的战场上跑来跑去。1月28日夜，斯诺前来海伦她们那个瞭望台观战。他浑身脏兮兮的，筋疲力尽，嗓子沙哑了，那双棕色的眼睛里，却放射出喜悦的光芒。他有生以来第一次亲历战火！"中国人抵抗了！"他怀着坚定支持者的喜悦宣布。然而，英国官员们显然不相信他的话。斯诺告诉海伦及那些妇女们，他11时35分到过铁路北站，告诫中国铁路工人，日本人大约午夜时分会发起进攻。然后，他通过虹口返回，遇到日本士兵在街道两旁射击。他躲进一条里弄，逃到了租界边上。从那儿的大门里，他看见日本人用机枪、装甲车和装甲摩托车，占领了那个地区。

"他们一路杀过去，"斯诺说，"可是他们负伤了，现在成群结队地退回来。""换句话说，你正好闯进日本的先头部队！"海伦说话的语调并非持完全赞许的态度。"这件事是空前绝后的！"斯诺说，"谁也没能够这样接近战争！能够安全无恙地观察战争，只因为我们是外国人。"

"那是我渴望抓住的一个机会。假如你为我搞到一张记者证，"海伦说，"我会成为这个大千世界里独一无二的战地女记者！"

斯诺说："租界的大门布岗警卫，不会让妇女去做任何事。""我可以偷看，"海伦争辩道，"只要一张小小的纸片就行。我这一辈子再也不会有这种机会了。为了我的书，我比你更需要这种机会。我只想要证件。我只想自豪地说，我当过一天战地记者！这怎么会陷入危险呢？"

"我明白你的意思，"埃德加·斯诺有点儿犹豫不决，"不过，你若身陷困境，我就要成傻瓜了！"斯诺虽然在劝阻，但也同意海伦以研究红十字会的资料、逃难的妇女和儿童等为由，到附近走一趟。最后，斯诺领着

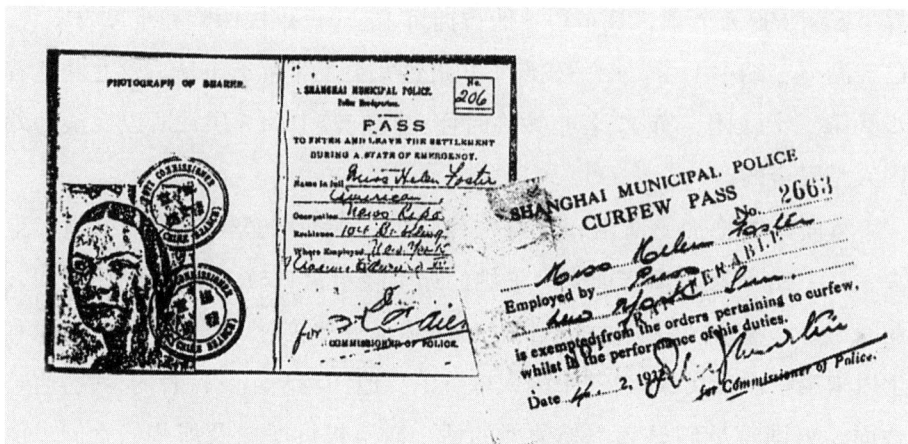

海伦·斯诺的第 206 号记者证和第 2663 号宵禁时刻通行证

海伦到了租界警察总局，英国籍的警察局长听了这个请求后愣住了。经过一番周折，海伦终于获得《纽约太阳报》第 206 号记者证，贴着她的照片，上面轧着钢印；还有一张"在紧急状况中进出租界"的通行证。海伦还弄到一张第 2663 号宵禁时刻的通行证。

海伦在一封家信中写道："昨天，我出外到了战场，或者说到了战场附近。埃德加·斯诺领我到伤亡严重的上海北站。从一个瞭望哨上，我能够看到四周。我眼前的市区街道上，有中国人挖的防空洞。半段小小的街坊以外，就驻扎着日本海军。他们的机枪掩体正好冲着我。一个穿白衣的人倒在人行道上——这是我看到的战争中阵亡的第一个人，一个中国的号兵……在防空洞里，我们可以看清两个年轻的中国士兵，大约 17 岁，抱着一只毛茸茸的小黑狗玩耍，他们很喜欢玩狗。当我们引起他们注意的时候，他们笑容满面，向我们致意。但日本人却不是这样。另一个拐角是公共租界和日本租界分界线，有美军步兵第三十一团守卫，当我们向那儿走去的时候，马上就会有两个日本士兵端起刺刀，分别对准我们的胸膛。同他们打交道，可不是闹着玩的。在他们的词汇里，没有致意和微笑的语言，他们统统是例行公事。"

此前，海伦采访了上海市市长吴铁城，还视察了霍乱、伤寒和痢疾盛行的难民营。斯诺的好朋友"王新闻"拍摄了这些新闻片，他是为帕拉蒙特新闻社工作的。"王新闻"还为海伦采访中

淞沪抗战前夕，海伦采访国民政府上海市市长吴铁城（右）

国指挥官蔡廷锴将军做了安排。他想，在这种背景下，搞到一位美国姑娘的热门新闻，能鼓舞中国人的士气，没有比这更好的题材了。海伦穿上骑马装，足蹬皮靴，随身携带她那件驻外记者的军用雨衣，同"王新闻"一起，乘坐他那辆配有司机的记者专用车，通过了租界的岗哨，绕了一圈，到达中国部队的后方。前面几百米的地方，火光冲天，爆炸声响彻云霄。

"那是蔡将军的司令部"，"王新闻"解释道，"我想，这儿没有危险。"他的司机没等许可，就掉转车头，在坑坑洼洼的路面上颠簸着前行。海伦感到太惊奇了，一点儿也不害怕。实际上，这儿没有一个外国人对华人表示出恐惧。

"不要向埃德加·斯诺提起这件事"，海伦告诫"王新闻"，"他会把我的记者证收走的！""王新闻"说："可是，我认为您是他的高级助理，他需要一篇精彩的新闻报道啊！"

埃德加·斯诺听说海伦侥幸脱险，大发雷霆。从此以后，没人轻易再去帮助海伦了。海伦后来拍摄的照片，主要是以铁丝网、沙包以及非战斗性的百姓事务为主。

　　然而，战争一停，日本人刚撤退，美国中央情报局的一位青年中尉，马上带海伦和另外两个人去吴淞炮楼。这儿一直遭到停泊在港内的日本海军炮舰的围困。海伦凭记者证进去了。炮楼里烟火未熄，战壕里尸体未移。在其中一个战壕里，有两名年轻的士兵被压死。

　　他们站在大炮旁边照了相。这对斯诺是一条独家新闻，他毕恭毕敬地审视着海伦拍摄的照片。在这次战争期间，斯诺曾数次置身于枪林弹雨之中，就像他所希望的那样——总是处于事件中心（埃文斯·卡尔逊曾告诉海伦，斯诺是他戎马生涯中所认识的最勇敢的人之一）。

　　在这次抗击日军侵略的战斗中，中国的第十九路军伤亡达1.4万余人，丧生、致残的平民百姓不下2万人。

　　海伦在她的日记中记录道："这是中国士兵第一次同一支现代化的军队交手，他们违背蒋介石的意愿这样做了，因为蒋介石奉行的是不抵抗主义。自1927年以来，蒋介石在沿海一带受到日本的威胁，在后方打着内战，一直身处困境。他就是要打内战，反对自己的人民，日本人对他地位的威胁似乎不大。然而，青年学生则愿意革命，更愿意抗日。"

蜜月旅行

谁也没料到，他们1931年8月咖啡店相会，竟成为埃德加·斯诺坠入爱河的开始。随后，他们经常约会，谈中国和世界，谈哲学和理想。海伦意识到埃德加对她的爱意，但多次回避这个话题。不久，埃德加就公开向海伦求婚了。海伦明确表示："25岁之前不结婚，第一本书出版之前不结婚。"

翌年9月21日，海伦25岁生日那天，埃德加带着栀子花早早地就来了。这是他唯一没有迟到的一次。他们要在第一次见面的那家咖啡馆共进晚餐，有茶点，有牛排，庆祝埃德加盼望的第25个年头的到来。他满怀希望地建议说："我们可以去北平，在那儿更利于写书。"北平物价低廉，环境清静。他问海伦："如果你真想旅游，要去哪儿？"

"婆罗洲！"海伦立即宣布道，"那儿仍是一个没被探索的地方，只有女探险家奥萨·约翰逊到过那儿。还有苏拉威西岛、爪哇、巴厘岛、新加坡，还有中国大陆沿海所有的通商口岸及台湾地区。"

"或许我们可以拟订出一个计划来。"埃德加说，"我没有什么可以奉献的——试试这个吧，大小可以调整，你也许永远不会比戴上它更接近西藏。"

海伦拿起那枚西藏银戒指，试戴了一下，戴错了手指头。她说："我要暂且把它放在钱包里。写书第一，你赶紧写你的，我要赶紧写我的。"

"生造一个警句吧，此物重于人。"埃德加看上去像坠入圈套一般，他接着说："自从一年前我们坐在这张桌子上的时候起，我就明白这一点。

这不仅是缘分，也是命运。难道你还没看出这个姻缘不仅是天意所定，而且是九天之上最般配的一对。我们在一起，什么事都可能办得到。我们将结成一个多好的整体！"

"缘分可以等候。"海伦像平时一样，对局面必须加以控制，"至于命运嘛，让我们请人算一算吧。"

他们乘出租车去冒水井路上的古庙，那儿住着一位老道，布满皱纹的脸上有一块黑痣，黑痣上面长着一小撮毛。他摇了摇签筒，让海伦抽出一根签来。他接过去看上面的文字，他们的司机用"洋泾浜"英语解释道："你们俩的命一样，顶好！很有福气。你们赶快结婚吧。"

"看看，你现在还有什么说的！"斯诺兴奋地对海伦说。在去杰斯菲尔德公园的路上，埃德加又笑又唱，海伦也陪着他一起高兴。在那个公园里的木兰树下，他们从容信步。除了江湾公园和赛马场以外，这儿是外国人可以散步的唯一地方。

埃德加送给海伦·福斯特的订婚照　　海伦送给埃德加·斯诺的订婚照

"遇到你以前，我认为妻子是个累赘，而不是助手。"埃德加坦率地说，"我现在所考虑的一切，就是在别人挤掉我以前和你结婚。除非你同我在一起，否则我心中连个归宿的地方也没有。在我后半生，你要我干什么，我就干什么。我将乐意做你的配角——真的，我说话算数。我唯一关心的，就是要你点头同意。我生平第一次产生了这个想法，我着迷了，我从来没像这样被迷住过。"埃德加把他的照片送给了海伦，签名是"你的配角埃德"。在第二次世界大战以前，埃德加·斯诺总是对海伦这样称呼他自己。

"你是我遇到的唯一跟我走的人。"海伦承认道。不过，她告诉埃德加，她不想把自己的婚事办得一团糟，必须办得很体面。她愿意为美满的婚姻付出代价，但不想让婚姻被作家灰心丧气的心理所毁灭。她必须先写一本书，哪怕永远不会出版。

从一开始起，埃德加·斯诺就相信海伦，相信海伦的才能，相信海伦会有前途。海伦所做的每一件事情，他都引以为荣。直到最后，埃德加对海伦没有名扬四海、家财万贯而感到迷惑不解，因为就在杰斯菲尔德公园日落之际，他们各自都想要对方成为伟大的作家。

1932年12月的一天，海伦接到埃德加打来的电话："我写完了，刚刚寄走我的书稿！我们上外滩散散步吧，礼查饭店见面。"但是海伦的书进行得一点儿也不顺利，可是，她学到的东西却多得

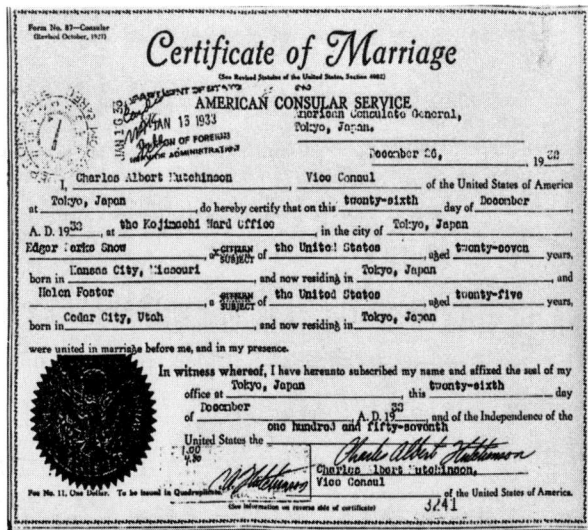

1932年12月26日，埃德加·斯诺和海伦的结婚证

1932年，海伦和埃德加·斯诺在结婚典礼上

惊人。

"我们结婚吧，然后乘日本轮船到南洋去旅行。"埃德加对海伦说，"我已经排好日程，你想去的每一个地方都包括在内，其中有一处，连奥萨·约翰逊也从来没去过。南洋旅行回来后，我们就去北平居住，你写你的书，我要在那儿完成我的旅行手稿。"

这一次，海伦脱去一只白羊皮手套，从手提包里摸出那只西藏银戒指，激动得热泪盈眶！埃德加紧接着说："你现在可以戴上了。"

"可是我不愿在上海结婚，"海伦说，"东京又漂亮又干净，我要戴栀子花，要穿日本的婚礼和服。我们要周游日本，从长崎搭轮船。"

"好吧，我给东京使馆的朋友约翰·艾利森拍电报，"埃德加说，"他曾和我住同屋。"

12月13日，埃德加·斯诺给他的父亲和姐姐写了一封信，告诉他的亲人——"我要结婚了！"他第一次告诉家人，他的未婚妻多么漂亮，多么才华横溢！他俩的结合，一定能打下半壁江山！

海伦坚持圣诞节正午，在美国驻东京大使馆结婚，由约翰·艾利森及其未婚妻珍妮特当证婚人。后来，他们在帝国饭店穿了日本的婚礼和服。海伦的和服是用厚实的黑皱纹绸缝制的，手工彩绘，手工染色，裙裾、袖子拖至地面。上半截挂着鲜红的丝绸里子——在中国和日本，新娘必须穿红——并有一条红色和金色相间的织锦宽腰带。和服下摆周围的图案是一幅海景，蓝色、白色相间的海波溅着浪花，白色的海鸥在波涛上空翱翔。海伦感到就像希腊"爱与美"的女神从大海上升起一样。

1932 年，海伦和埃德加·斯诺结婚时的甜蜜照

埃德加和海伦在日本的旅店里开始了他们的蜜月，坐在榻榻米上，品尝日本的火锅。在热海温泉，他们为完美的蜜月找到了完美的好莱坞式的环境：他们新婚的房间，一旁生长着一排排翠竹，另一旁是旅店在海洋上面伸出去的部分，海浪在下面"哗哗"击拍……

在冬季海上平静的日子里，他们乘上轮船，开始了愉快的蜜月之行。"这是新开端最吉祥的时刻。"海伦对埃德加说。她买了一些漂亮的耳饰，是用深绿色的翠鸟羽毛做成的。她从一位"中国通"船长那儿听到了一个令人陶醉的迷信，海伦把它讲给埃德加听：海上平静的日子，就是冬至前后的那 14 天，这时海洋平静得出奇，所以翠鸟或者叫鱼狗，就能够在漂浮于海洋之中的窝巢里孵卵，整个大自然，太阳和大海，在翠鸟繁殖季节都服从翠鸟。

快到婆罗洲时，海伦身穿英国缝制的白色马裤，头戴软木白盔，出

1933年1—2月，海伦和埃德加在蜜月旅行的轮船甲板上

现在汽轮的甲板上。她那条地道的美式"红、白、蓝"三色相间的披肩，搭吊在她的腰间，迎着南洋的热风飘扬。在一条白色的珊瑚海岸的映照下，漆成红色的屋顶闪闪发光。红树、棕榈树迎风招展，像是在欢迎他们。这就是婆罗洲、塔瓦岛，距美国有一万六千公里！

在那个愉快的蜜月旅行中，两个青年人无所畏惧地声称，他们同地球上的万物、同全世界的人们、同各种书籍中的思想攀亲结友。为了在船上阅读，他们带了萧伯纳的《智慧女性之社会主义与资本主义指南》，H.G.韦尔斯的《历史概要》以及他1932年的著作《人类的工作、财富与幸福》。他们随身携带的，还有乔治·多尔西的《我们为什么像人类那样循规蹈矩》。海伦给英国驻婆罗洲政治代表看这本书的时候，加进去了一个字，变成《我们为什么不像人类那样循规蹈矩》。

埃德加和海伦都阅读过斯彭格勒的著作《西方的衰落》，海伦在美国时就读过了。他们在阵阵海风中，探讨着"帝国时代"——即日本在台湾，英国在婆罗洲、香港及中国其他沿海通商口岸，荷兰在苏拉威西岛、爪哇和巴厘岛，葡萄牙人在澳门的时代。

回顾旅途中的所见所闻，他们确定无疑地感到，白种人的时代在东方无法不成为过去，尽管这一点还根本没成为众所周知的共识。现在兴起的是反法西斯主义、反帝国主义，而不是从前"民族主义"的仇外主义。当地的"民族主义者"在心理上仇外，而根本不是真正的民族主义者。恰恰相反，他们就像中国学生们生动描述的那样，是"帝国主义的走狗"。他们是帝国主义的组成部分和从事犯罪的小伙伴。他们有一套反动的伦理道德，吞剥西方的一切邪恶而对其美德却不屑一顾。他们比帝国主义分子有过之而无不及。

海伦研究法西斯主义之后，才明白这所有的一切。然而，在离开广州和香港的时候，海伦已得出了上面的结论，尽管还不完全清楚蒋介石这类人代表什么。

孙中山领导的国民革命的高潮，是在 1925 年至 1927 年。那时，蒋介石及其右翼转向反革命，同左派分裂了。这次漫长的蜜月之行，使他们认识到政治形势的错综复杂，对于中国这样的国家来说，除了某种形式的社会主义，绝无任何解决的办法。搞资本主义，已为时太晚，也不存在建立资本主义的物质条件。

埃德加·斯诺写给父亲和姐姐米尔德里德的信

挚爱的父亲：

亲爱的米尔德里德：

请原谅，我给你俩的回信两封并作一封，一起回复。因为时间过得太快，而我还有太多事情要做。我的终身大事很快就要尘埃落定，我正忙于为此准备，因此没有过多的闲暇时间给你们俩分别写信。

我将于 12 月 22 日离开上海前往日本，然后在日本待至 29 日，这个圣诞节我将在轮船上渡过。离开东京后,我会去台湾,然后去菲律宾、婆罗洲、望加锡、荷属东印度群岛,我还希望之后在巴厘岛能待一个星期。离开南海之后,我将去马来,或许会在暹罗滞留几日,如有可能,我还会游览印度支那。我希望于明年早春时节返回上海,停留几天之后将按原计划如期前往北京。

在此郑重地告诉你们:我要结婚了!不许笑我,这事听起来的确有些荒谬,不过,你们俩不也都亲身经历过嘛。相爱的时刻就这样悄然来临,让我仔细讲给你们听吧。让我完全拜倒在石榴裙下的姑娘叫海伦·福斯特,她皮肤白皙,有一头金色秀发和一双清澈深邃的蓝眼睛,不仅如此,她还有让人仰慕的聪慧头脑,要不是爱耸动她那精致的小鼻子的话,简直就是完美的美人儿一个。我们看待事物总是观点一致,我们追逐同一个梦想,我们都充满激情和热望。她写得一手好文章,是个了不起的诗人,她的诗作会让雪莱和布莱克如同我那些老旧的剃须刀刃一般愚钝不堪。

海伦一年前来到中国,想要研究中国,了解亚洲。她完全拒绝接受戴上为我烘焙蛋糕的王冠。(烘焙蛋糕只不过是一个委婉的说法,她根本就不会做饭;我的亲人们哪。)她是位自由撰稿人,像我一样崇尚自由浪漫的生活,这和我的计划不谋而合。由于曾担任过美国矿业大会或类似机构的秘书一职,她对于银价问题一直很较真儿(就是有关货币的金本位还是银本位问题,她在婚姻中到底是支持或反对哪一个,我也不是很清楚)。不过除此之外,我坚信我们的结合将会幸福美满,夫唱妇随,强强联手,定能打下半壁江山。她真的很迷人,很可爱,有教养,会说好几种语言。我们都酷爱学习汉语,并能用汉语互诉衷肠。过不了多久,她的汉语就会比我的还要好了。

海伦是一个奇才,一个天才,一个才华横溢的人。一位几乎了解欧洲所有大人物的教授,也是第一位从心理学角度了解中国的教授。她于不久前告诉我，她完全有能力写出这个时代任何其他女性无法写出的伟大作品。我也敢这么说。无论如何，我们对于彼此都必不可少，没有了爱情和婚姻中心心相印的精神交流，我们彼此的人生还有什么意义。

你们千万不要认为我们作出结婚的决定完全是出于一时冲动。我们相约已有数月，曾约定：游遍世间所有的名山大川之后再结婚，而最近我们却一致认为，也许我们更应该在旅途中相濡以沫，患难与共。大约一周前，一股干冷气流袭击了上海，我们竟然不约而同地想到了南太平洋。于是，我们决定旅行结婚。我已写信给我的报社，让我既能度蜜月，又可完成沿途采访任务，一举两得。

祝你们圣诞节快乐，我爱你们，

永远的埃德

来信请寄到静安寺路 104 号。邮件会转寄给我。

顺便说一句，我们将于平安夜在海上举行婚礼仪式，由一位日本船长当证婚人。第二天，我们到达神户后直奔东京，在美国驻东京大使馆正式举办婚礼。我的一位老室友约翰·艾里森将会做我的伴郎，他现在是驻日大使馆外交官。我们的婚礼将在圣诞节当天正午举行——我最亲爱的爸爸和姐姐，我们的婚礼定会让你们感慨万千，惊讶不已。由于筹备婚礼已让我焦头烂额，我想我们不太可能发布结婚通告，所以请你们一定要通知到所有的亲友。

上海市静安寺路 104 号

1932 年 12 月 13 日

卖文为生

　　对埃德加·斯诺来说，深深爱上美国驻上海总领事馆的一位美女，可能会让他失去"自由"。面临放弃宝贵的"个人自由"，还是他有生以来的第一次。然而，事实证明，他与聪明美貌的海伦结合后，比以前享有更多的自由了。他背后有了一个坚定的支持者和参谋者，全面负责除他工作以外的一切事务。海伦坚持其他一切事情都必须服从于埃德加的工作。他们的分工是：丈夫挣钱，妻子负责其余的一切事务，包括协助他旅行和写作。

　　他们蜜月旅行之后，抵达上海，接着移居北平，急需要一些钱。斯诺撰写了一个长篇随笔，记录了他们在东方旅行的所见所闻。他给文章命名为《西方声誉的跌落》，是一篇反帝的文章。他主张，在日本用战争夺取殖民地之前，西方就应该放弃它的殖民地。然而，斯诺不太喜欢这篇文章，他打算把这篇长达 7000 字的文章，压缩至 2500 字，尽量修改到报纸和新闻杂志能够接受的那种简洁程度，然后给《先驱论坛报》寄去，他就有可能得到 150 美元稿酬，他们小两口正急需用钱呢！

　　"我喜欢这篇文章！"海伦断然说，"这是《星期六晚邮报》需要的那种文章。它与《先驱论坛报》是同一类报刊，只是《星期六晚邮报》需要为一般美国读者提供长篇文章而已。"来中国前，海伦在白银集团办公室工作，整天在一大堆报纸刊物中生活，对各家报纸的特点了如指掌。自 1928 年离开美国后，埃德加·斯诺就没看到过《星期六晚邮报》，他对海伦的判断多少还有点儿迷信。不过，他决不冒失败的危险。他不厌其烦地把那篇文章改了又改，使其不会被退回，也不会使读者感到厌倦。他估计，这篇文章不可能被《星期六晚邮报》采用，在给编辑的附信里，又写了一大篇文字，万一退稿，也好保住他的自尊心。海伦不等丈夫改变主意，就坐上黄包车，亲自把这篇文章送到邮局。为保险起见，她寄的是海邮。

几个星期过去了。有一天，送来的邮件里，有一个从《星期六晚邮报》寄来的开窗信封，斯诺还以为是一份小广告，差点儿把它扔进废纸篓。打开一看，发现是一张支票。当夫妻俩仔细查看这张支票时，一股悬念笼罩着斯诺夫妇的住宅——这张支票是 7.5 美元，还是 75 美元？但绝不可能是 750 美元，一定是打字打错了吧。

他们像捧着圣盘一样，带着这张小小的纸片，坐上黄包车，出发去银行。他们像接受了小偷或走私贩的财物一样，抱着试探的态度，拿出了支票。出纳员毕恭毕敬地看了看支票，高兴地告诉他们："你们的运气真好！今天的汇率是几个月来的最高。这 750 美元能兑换中国银洋 4000 元！"说着，就把那笔款打入他们的银行账户。

埃德加紧紧地握住海伦的手，两眼被泪水蒙住了。啊，他们靠这笔钱，可以奢华地生活一年时间了！他们各坐一辆黄包车，沿着长安街，兴高采烈地并排返回。车夫高兴地不断回头望，尽量不让两辆车的轮子撞在一起。

新婚的斯诺夫妇，就像刚获得自由的奴隶一样，把这笔款珍藏起来。这是他们免受恐惧与忧虑的保障，也是他们可以著书立说的保证。对埃德加来说，这也是他免受退稿担心的保障，因为他同世界上稿费最高的《星期六晚邮报》，从此建立了联系。这样一来，《星期六晚邮报》在某种程度上就资助了他们在中国的活动，而埃德加·斯诺则变成中国与美国之间的桥梁。当时，斯诺为拥有最大读者群的《星期六晚邮报》撰稿，而且不排除文章被《读者文摘》转载的可能，这一嘉奖，给了埃德加·斯诺继续观

1933 年，初到北平的斯诺夫妇，周末骑毛驴去西山和长城游览

察太平洋事务的信心。

然而，他还是小心谨慎，不想在《星期六晚邮报》发稿过频而使他不受欢迎。他只把那些经过精心修改、确信可以被采用的文章寄给总编室。据海伦所知，《星期六晚邮报》没有退回斯诺寄给他们的文章；有时候，他们除了改写文章的标题外，也从来没有改动、删改、审查过文章的内容。

《星期六晚邮报》寄出那张支票后，乔治·洛里默主编亲自给埃德加·斯诺写了一封长信，约请他为该报撰写更多的文章。斯诺如约撰稿，直到 1950 年麦卡锡时代为止。那时，斯诺辞去副主编职务，以抗议他们对中国和东方的新态度。虽然本·希布斯坚持说，只要他做主编，斯诺可以为《星期六晚邮报》继续撰稿。希布斯告诉海伦，只要封面上一出现埃德加·斯诺的名字，报亭上的销售量就会剧增。斯诺为《星期六晚邮报》撰稿达 15 年之久，第二次世界大战期间，他是该报的战地记者，允许全球旅行。他想去哪里，就可以去哪里。海伦估算了一下，《星期六晚邮报》那些年支付给斯诺的稿酬，大约是 25 万美元。

关于埃德加·斯诺的生活，有一件令人惊讶的事情：无论他有钱还是没有钱，至少在 1949 年以前，他可以不去做他不想做的事情。他有真正的自由，包括免于对妻子和家庭操心的自由。他认为，海伦会包揽所有那些事情，而海伦则把这些事当作她自己工作的一部分去完成。

　　麦卡锡时代以前，斯诺本人从来没尝过退稿的滋味，工作中也没遭人拒绝的经历，只有 1931—1932 年在上海那短短的几个月是个例外。那时，他被人孤立，因为他在《美国信使》月刊上发表的一篇文章，激怒了在上海的外国人。英国警方还买通了一个白俄告密者，捏造了一份档案材料，称"斯诺是激进分子"，被列入日本人的黑名单。这件事使埃德加·斯诺意识到，"发表文章再也不被认为是无害的琐事了"。

　　1949 年以前，埃德加从来没有同现实的问题发生过冲突。后来，接二连三的变故发生在他身上——离婚，长期不能去苏联，与《星期六晚邮报》决裂，遭到麦卡锡援华集团的攻击，出版界拒绝接受他写的书稿……

　　斯诺的第一本书《远东前线》，只赚了几百美元。可是，他仍然不肯放弃《云南之旅》的写作。他们旅居北平后，斯诺在美联社的工作因他们的预算问题告吹了。美联社的吉姆·米尔斯请他担任一个可以干两年的职务，可是斯诺不想被"束缚住手脚"。他想自由自在地旅行、写作，绝不想按部就班地工作。海伦的想法也是这样：牺牲一切，写自己的书。

斯诺北平的住宅

埃德加·斯诺 1928 年来到中国，海伦·福斯特 1931 年到达上海。他们在上海相识相爱一年半之后，于 1932 年圣诞节在美国驻日本大使馆结婚。然后，进行了长达 2 个月的南洋蜜月旅行，1933 年 3 月从上海移居北平。

斯诺夫妇旅居北平的 5 年时间里，先后住过 3 个地方：1933 年 3 月至 1934 年 2 月，居住在城内煤渣胡同 21 号；1934 年 3 月至 1935 年 10 月，住在海淀军机处 8 号；1935 年 10 月至 1937 年 11 月住在盔甲厂胡同 13 号，在这里住的时间最长。

斯诺夫妇在海淀军机处 8 号的住宅

据海伦讲，盔甲厂胡同 13 号大院，南临铁道，东距古城墙很近，是一个人烟稀少的地方。13 号院很宽敞，比北平一般的四合院大三四倍。院子里有树、有花、有草，还有马厩和网球场。带洗澡间的房子有 5 间，另有 3 间房子，供管家、厨师和工勤人员居住。

　　埃德加和海伦·斯诺夫妇到来之前，这里是一位名叫尼斯特伦（Nystrom）的瑞典地质学家居住。尼斯特伦的太太不习惯在中国生活，回瑞典去了。因此，他每年有近一半时间要回瑞典陪太太，不在这儿居住。他极力鼓励并热情欢迎斯诺夫妇与他合租合住这所大宅院，房租每月大约20美元，两家各付10美元；15名服务人员及保安，也是两家合用。

　　这么大的院子、这么多的房子，为什么租费又那么便宜呢？海伦说："因为这个院子里经常'闹鬼'，天一黑，中国人都不敢到这儿来"。

　　"在盔甲厂13号居住期间，我简直过着皇后一样的生活！"海伦说。费用的低廉、服务的周到，都是她从来没有过的。她说，15名家丁和服务人员，都是蒙满后裔，极其负责且服务周到。她和斯诺每次外出、回来，这些人都会排成两行，在院门口夹道送行和迎接。领头的管家，行90度的鞠躬礼；其他人都跪倒在地，行叩头礼。尽管海伦多次劝告他们，"This is not American custom"（这不是美国的风俗），让他们不要这么做，甚至多次发火劝阻，但始终无效。

　　盔甲厂胡同13号，是著名的一二·九爱国学生运动的策源地。当年斯诺在燕京大学任教，以该校学生自治会主席张兆麟、王汝梅（黄华）为首的学运领袖们，经

斯诺夫妇与他们的爱犬在盔甲厂胡同13号住宅

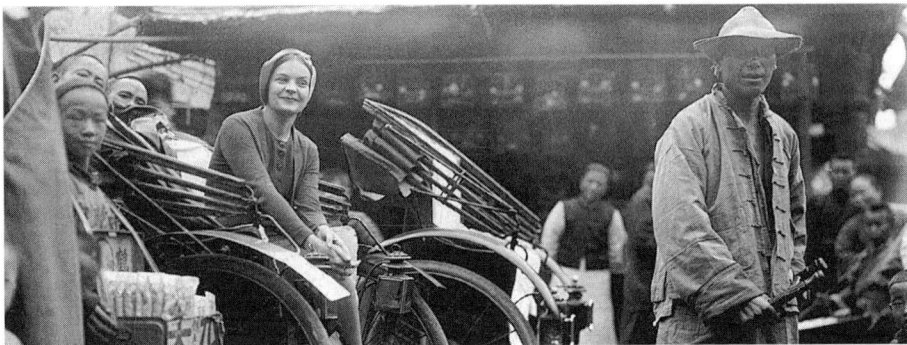

斯诺夫妇居住盔甲厂胡同 13 号期间，每次外出，总会有"洋车"在大门外等候

常在斯诺夫妇的住宅秘密开会；他们的请愿书、宣言、声明、传单等文件，就是在这里起草、讨论、翻译、油印并保存的。

盔甲厂胡同 13 号，是世界名著《红星照耀中国》的诞生地。1936 年 6 月，埃德加从这儿出发，去陕北、甘肃、宁夏采访红军及其领袖们，10 月底回到北平，在这个四合院里完成了《红星照耀中国》的写作，1937 年底，先后在英国和美国出版。

盔甲厂胡同 13 号，也是中国左翼作家引以为荣的地方。斯诺夫妇花费了大约 4 年的时间，最后在盔甲厂胡同 13 号完成了左翼作家短篇小说集《活的中国》一书的翻译定稿工作，把以鲁迅为首的左翼作家和他们的代表作第一次介绍到西方世界。

盔甲厂胡同 13 号，也是著名英文杂志《民主》酝酿、孕育和创刊的地方。

盔甲厂胡同 13 号，还是无产阶级革命家黄华同志奔赴延安、投奔革命的出发点。

1935 年至 1937 年，盔甲厂胡同 13 号见证了许多具有历史意义的时刻，盔甲厂胡同 13 号有讲不完的英雄人物和感人故事。海伦·斯诺在她的晚年写道："从这座住宅里，锻造出一个崭新的中美友好谅解的关系，这种关系

到 1972 年尼克松访华
达到了顶峰。"1972 年，
海伦第一次访问新中
国时，来到了盔甲厂
胡同，旧地重游，感
慨万千，拍摄了胡同
周围的景物，还拍摄
了观象台、铁道和鸣
鸣驶过的火车。

北京中安宾馆（原盔甲厂胡同 13 号）院内"斯诺主题宾馆"
雕像及简介

　　笔者 2011 年旅居
北京期间，多次探访
过这个具有历史意义
的地方。当年的盔甲
厂胡同 13 号大院已不复存在，原址上升起了另一座建筑——北京中安宾
馆，新编门牌号为"盔甲厂胡同 6 号"。中安宾馆的总经理是一位年轻的
女性，北大毕业，思想开放，很有魄力，想把"中安"打造成一个"斯诺
主题"宾馆。经过几年的努力，这个设想已变为现实。宾馆院子竖立起两

个斯诺的雕像和旧址
简介，开办了斯诺夫
妇图片展览，每间客
房里悬挂着一张有关
斯诺夫妇的照片，诉
说着一个个感人的故
事。宾馆门外，设置
着"埃德加·斯诺与
海伦·斯诺北京居住

埃德加·斯诺和海伦·斯诺在盔甲厂胡同 13 号住地旧址标识牌

地旧址"的标识牌。

如今的盔甲厂胡同6号（当年的盔甲厂胡同13号），成为一家广受国内外游客欢迎的、舒适的下榻之处。入住中安宾馆的客人，无论在房间、在院子、在餐厅，到处都能感受到"斯诺的精神"的魅力。这里也成为青少年爱国主义教育基地，成为中国文学艺术界的麦加，成为中美人民友好历史的地标。

海伦捉"鬼"

　　1935年10月至1937年11月，埃德加和海伦·斯诺夫妇居住在北平城内盔甲厂胡同13号。这里距古城墙东南角很近，除了蝙蝠、燕子之外，空寂冷落，渺无人烟。前面不远，是耶稣会的天文台。巨大的围墙一边，是义和团的公墓，埋葬着1900年的遇难者。当地人都相信，每一座墓穴里，都有墓主的鬼魂。

　　从哈德门街（今崇文门大街）顺城墙大约1600米处，有一条人迹罕至的林荫道。那儿高墙环绕的所有庭院，都堵得严严实实；面朝林荫道的一边，没有开一扇门窗，墙顶上还插满了锋利的玻璃片。这是一个不太吉祥的地方，当地人谁也不愿意从那儿行走。可是，海伦·斯诺用长皮带牵上她的爱犬"戈壁"，经常在林荫道上骑自行车来回奔走。

海伦·斯诺经常在"狐楼"附近古城墙上的观象台附近散步

　　人们都说，盔甲厂胡同13号经常"闹鬼"，海伦见到"闹鬼"的"狐狸精"了吗？是的，她真的还见识过"狐狸精"。有一次，她丈夫和奈斯特都不在，她"见"到过。

一天晚上，海伦独自坐在他们的大客厅，正在阅读借来的一期《星期六文学评论》。突然，她清清楚楚地听到顶棚上慢腾腾、有节奏的脚步声。"戈壁"颈背上的长毛竖立起来，"呜呜"哀鸣。海伦吓得呆若木鸡，几乎不会按电铃呼唤管家了。

"有什么东西在屋顶上走动！"她一边耳语，一边向上指。

"是狐狸精，"管家老韩说，"以前这儿就听到过。"

老韩和老陈（两个雇工）巡查了周围的庭院，留下几个人持大刀警戒。然后，他们一伙都带来了大刀，还有草帘子，准备在客厅地板上过夜。海伦不安地回到寝室，怎么也无法入睡。

过了一会儿，两个伙计也听到同样的响声，他们一同商量起来。海伦要求搬一架梯子，爬上大厅电线穿过的那个小天窗去看一看。然而，他们谁也不愿意去看，也坚决不肯让海伦去看。

"不行，太太！看一看，就死！不看，不死！"他们解释道。

天亮后，海伦坚持要搬一架梯子，拿上手电筒，一定要上去看一看。这时候，所有的邻居都知道了昨夜"闹鬼"的事。10分钟后，屋子里就聚集了20多个人，男人们都挎着大刀。

海伦爬上梯子，把头探进小天窗，朝里面观望。支撑着顶棚的木椽上，堆积着一层厚厚的黄色灰尘，没有一点儿搅动现场的明显痕迹。海伦爬下来，隐约听到大伙儿放心地长叹了一声。

"别急！有一页宽木板，横放在椽头上，做什么用呢？"海伦心里嘀咕起来，她又重新爬上去研究上面的地形，大厅里又是一片鸦雀无声。

海伦仔细观察起来：那是一块翘曲的木板，一端弯起，微圆的底部能以支架运动的方式晃动。对了！老鼠顺着弯曲的边缘，正好跑一条直线，使木板一晃、一晃，一端碰上了木椽，发出清晰的空洞声，就像有人在走步。海伦心里窃喜，却没有吭声。心想，她没有必要因懂得老鼠在杠杆支轴上做功的原理，就自称是"阿基米德"。人们用这种方法，能撬动世界。

她关上小天窗的门，向下望着忧心忡忡的大伙儿。她不想去毁坏一个美妙的传说，也不想让房租上涨，更不想给害怕狐狸精的强盗打气壮胆。海伦甚至立马决定对埃德加保密，因为她知道，埃德加不是一个守口如瓶的人。

"没有狐狸精，"海伦报告大家说，"这是闹狐狸精的天气吗？"

"对，就是的！"有人对海伦说，"我们需要一场大雨，现在这一段时间，天气又热又干，就是闹狐狸精的时候。"北平的湿度和气温，有了明显的变化。地上的木板缝裂开了，接着又合拢起来。松动的棚板，干透开裂时会翘曲，会发出响声。铁钉会从翘曲的木板上脱落，发出痛苦的"吱吱"声。房门因镶板在高温中干缩而自动敞开。在这样一个忽湿忽干的夜晚，整座"狐楼"里就会响起木板"吱吱嘎嘎"的响声。那么，是谁把那块干木板正好放在能发出"狐狸精"脚步声的位置呢？一定是某个不想让房租涨价的人。要么，就是想让强盗们知道此宅"闹鬼"的某一个人。

1972 年，海伦再次走进满是灰尘的盔甲厂胡同，在暮色中，拍摄了"狐楼"和北京古观象台的照片。"狐楼"附近的城墙已被扒倒，但是，似乎一直还没人敢正视"狐狸精"的问题。

这一院住宅，是大清王朝的遗物。雇工室住着 15 个人。管家老韩与皇族有关。他的仪表举止，看起来都像国王。厨师及徒弟也是这类人。斯诺夫妇喜欢的雇工老陈，很喜爱他们的爱犬"戈壁"。他是一个瘦高个儿的蒙古族人——至少在 24 年前，他也许是八旗兵勇；当他挎起大刀，在宽敞的院子里巡逻的时候，看起来就像那种人。

鉴于斯诺夫妇在北平的一系列"不法"活动，能有这些各具特色的雇工是很幸运的。由于他们是满族人、蒙古族人的后裔，人人谨言慎行，个个处事周到，但也用不着为北平警察局或法西斯党徒效忠。日本人讨好他们，在满洲再次立溥仪为帝。然而，外国人的雇工们都很明白：少管闲事，免得失掉自己的差事。斯诺住宅的任何一名雇工，都可以把革命学生中的一些人，向警察告密，即可得到一大笔钱，可是他们从来没有这样做过。

海伦与青年作家

　　埃德加和海伦来华的最初目的，是寻求东方的魅力。在上海，他们结识了鲁迅，成为他们"了解中国的一把钥匙"。他们很快意识到，"了解中国的方法，是阅读中国人为自己所写的作品。"于是，斯诺夫妇决定向西方介绍现代中国作家的作品。

　　在燕京大学执教的埃德加·斯诺，同姚莘农一起，开始翻译鲁迅的小说。鲁迅以为，"现代新出台的作家中，也很有可以注意的作品，倘有工夫，我以为选译一本，每人一篇，介绍出去，倒也很有意义的。"斯诺夫妇欣然接受了鲁迅的意见，决定先选编一部综合性的短篇小说集，主要选那些反映中国面貌的有价值的作品。选哪些作品哪些作者呢？他们进行了多次的讨论和修改。

　　当时，斯诺在燕京大学教书，海伦在燕大学习，他们夫妇俩从城内煤渣胡同21号，搬家到燕大附近的军机处8号。周末，他们经常邀请学生们到家中喝茶聊天，一起讨论中国的现实问题。斯诺夫妇发现有两名学生英语讲得很好：一个是新闻系的学生萧乾，一个是英文系女生杨刚（时名杨缤），他们酷爱文学，曾在《大公报》发表过短篇小说。海伦极力向埃德加推荐，把这两个青年学生的作品选进去，向西方世界介绍，尽管他们当时还是无名小卒。

　　萧乾友善、可爱、英俊、有才华。萧乾1911年出生在北平一个贫苦的蒙古族基督教家庭。稍大一些，他在一家基督教徒办的地毯厂找到了一个"三年学徒"的工作。13岁时，读了一些有关社会主义的文学作品；

同年，因有"社会主义"嫌疑被逮捕，未经审问就被投入监牢。据说，当时凡有《圣经》的，就是冯玉祥的门徒，因而也就是布尔什维克。萧乾告诉海伦，在此以前，他一直是虔诚的基督教徒。萧乾相信鬼怪及各种各样的迷信，但他表面上看起来却很摩登。

女生杨刚，比萧乾坚强，也更有气魄，萧乾佩服杨刚这一点。杨刚是海伦所认识的为数不多的那种中国人——迷人，但不是天生的，也不是刻意打扮的。她脸庞长得俊秀，一头毫无修饰的短发。她喜欢一件白色的上衣，黑色的短裙，全身西式打扮，就住在燕京校园。1932年，她是燕京大学学生会副主席，因带领学生上街游行、要求释放政治犯而被捕入狱。杨刚头脑清晰、冷静，学习过马克思主义，担任学生会干部时，加入了共产主义青年团，但性格有点儿沉默寡言。

海伦和萧乾、杨刚一起，翻译他们的小说。他们的翻译方法，与众不同。海伦让他们先讲故事，她边听边记录，然后她自己再改写。海伦把改写后的稿子，又念给他们听，让他们修改。最后，海伦再同作者一起，讨论小说的喻体、喻意及细节。

1936年，由斯诺夫妇编译的中国现代

1938年在伦敦时的萧乾

1950年在北京时的杨刚

短篇小说选《活的中国》一书，先后由美国约翰·戴出版公司、英国伦敦的乔治·哈拉普公司出版了。该书分为两大部分：第一部分为鲁迅短篇作品集，收有《药》、《一件小事》、《孔乙己》、《祝福》、《风筝》、《论"他妈的！"》和《离婚》。第二部分，收入 14 位作家的 17 篇作品，有柔石的《为奴隶的母亲》、茅盾的《自杀》和《泥泞》、丁玲的《水》和《消息》、巴金的《狗》、沈从文的《柏子》、孙席珍的《阿娥》、萧军的《在"大连号"轮船上》和《第三支枪》、林语堂的《狗肉将军》、郁达夫的《紫藤与茑萝》、张天翼的《移行》、郭沫若的《十字架》、沙汀的《法律外的航线》，以及萧乾的《皈依》和佚名（杨刚）的《一部遗失了的日记片断》。

海伦没有想到，萧乾的《皈依》是书中最受欢迎的小说之一，并被用为电台广播作品，在某种程度上，这个小说使萧乾在美国和英国得到认可。萧乾燕京大学毕业后，在天津《大公报》找到了一个文学编辑的工作。此后不久，为杨刚做"保人"，杨刚也加入了他的编辑部。1938 年萧乾去伦敦当记者，也去了美国。令他惊讶的是，那里有些人竟然知道他是中国的青年作家！

杨刚成了中国最早的报界女性，1944 年去了美国，又成为中国第一位驻外女记者。她美国之行的主要目的，是通过实地考察真正了解美国。她认为通过两条道路的对比，会对自己有所启示，对自身的困惑也将有所帮助。旅美 4 年中，杨刚发表了 40 余篇通讯，报道在美国的所见所闻，同时还撰写了一部长篇自传体小说《挑战》。旅美期间，她还去拉德克利夫学院（Radcliffe College）上课。一个周末，她专程去麦迪逊访问了海伦，回顾她们在燕京大学的岁月，感谢海伦对她的帮助和提携。海伦对杨刚说，"我应当感谢你的，你给了我很大的帮助"。原来，海伦为《活的中国》撰写"现代中国文学运动"过程中，要调查，要研究，那是带有首创性质的写作，中文资料里没有这一类文章，英文的就更少了。杨刚帮助海伦做了不少搜集材料和研究工作。1936 年，海伦的这篇论文在伦敦的《今日生活与文学》上发表了；1938 年，约翰·莱曼（John Lyman）在伦敦编辑的《新作》杂志，采用了海伦编译的《皈依》和《一部遗失了的日记片断》两个短篇。

海伦也编辑过萧红的作品，没过几年，萧红死于贫困和营养不良。她丈夫萧军《八月的乡村》曾由罗伯特·沃德翻译，并为当月新书俱乐部所采用。海伦还编辑、发表过萧军其他的小说和诗歌，大部分在《亚洲》杂志上的。

杨刚1948年回国，曾先后担任周恩来总理办公室秘书、中共中央宣传部国际宣传处处长，以及《人民日报》副总编辑。海伦1972年首次访问新中国时，才听说这位才华横溢的女强人，于1957年离世。海伦为杨刚英年早逝感到遗憾和痛心。

萧乾与海伦的友谊，一直延续了64年。1979年访美期间，萧乾专程去麦迪逊小镇，看望了他的老朋友海伦·斯诺，并在《中报》发表了长篇文章《斯诺夫人海伦访问记》。1983年，在萧乾和他的夫人文洁若的努力

1991年，作者和萧乾、雪莲、卢广绵、文洁若在人民大会堂（右起）

下，《活的中国》中文版面世，海伦为该书撰写的长篇论文《现代中国文学运动》，第一次与中国读者见面。1984 年，海伦的回忆录《我在中国的岁月》在美国出版发行，萧乾第一个写了长篇书评《海伦·斯诺在回忆——〈我在中国的岁月〉读后》。海伦非常感谢萧乾，多次与我谈起此事，说萧乾是"推介《我在中国的岁月》的两位重要的作家之一。"

1997 年海伦·斯诺谢世后，萧乾出席了在人民大会堂举行的"海伦·斯诺纪念会"，并提供了书面发言"海伦·斯诺与中国新文学运动"，高度赞扬"海伦·斯诺为中国作出的不可磨灭的贡献"。

萧乾是中国文学界与海伦交往时间最长、友谊最为深厚的作家。他弘扬了海伦"寄希望于青年"的传统，从 20 世纪 80 年代初，就鼓励和支持我这个无名小卒翻译出版海伦的著作，推荐我撰写海伦的生平和贡献。

一起谋杀案

1937 年 1 月新年假日期间，斯诺夫妇应邀出席哈里·普莱斯夫妇（Harry and Betty Price）的晚宴。晚上 10 点钟，他们乘一辆出租车，沿着北平城墙跟的林荫道，开回盔甲厂胡同 13 号他们的住宅。

第二天一早传来消息：与他们只隔两个门的邻居帕梅拉·沃纳（Pamela Werner）被人杀害，也许就在晚上 10 点钟左右。帕梅拉 17 岁，在天津上学。她刚刚回家，准备度假。出事前，有人看见她沿着林荫道骑自行车。

1936 年，通向盔甲厂胡同的林荫道，就在北平观象台附近的城墙跟

大家都知道，那儿正好是海伦·斯诺经常骑自行车经过的地方。难道这是一起误杀案？还是"杀鸡给猴看"？前一年，斯诺夫妇鼓动、参与并大量报道一二·九学生运动；最近以来，斯诺又到处演讲，在报刊上发表他采访毛泽东的新闻，引起国民政府和日本人的不满和仇恨。日本和中国的法西斯分子，是不是想通过恐吓的办法，威逼海伦和埃德加·斯诺离开北平？

濒临崩溃边缘的北平，发

生这一离奇的凶杀案，刺激了所有人敏感的神经。1937年1月那个冰冷的午夜，英国少女帕梅拉·沃纳死在素有"狐狸精"出没的狐狸塔下，尸首被刺得面目全非，血液被抽光，心脏被掏空。如果是误杀，这是不是一种警告、一种恐怖主义的形式？前一天晚上，海伦和埃德加·斯诺就是从那里走过的啊！

在很短时间内，要弄清凶犯的动机，确实很不容易。海伦忧心忡忡，紧张不安。蒋介石之后，法西斯分子一定会对他们进行报复的。帕梅拉谋杀案，令海伦提心吊胆。然而，埃德加·斯诺却满不在乎，夜晚照常外出赴会。

帕梅拉的父亲爱德华·沃纳曾担任英国领事馆领事，是著名的汉学家。中英警方发起联合调查，探寻案件真相，这在当时很不寻常。一天晚上，斯诺又外出，海伦一个人待在家里。苏格兰警察厅从天津来人，调查这个案子，海伦接待了此人。他面色铁青，全身发抖——不只是由于寒冷的缘故。他要了一杯白兰地，发现海伦的丈夫丢下妻子一人在家，显得有点儿震惊。他问道："你难道不认为凶手有可能藏在附近的某个地方吗？"他发现海伦的邻居，一个个如惊弓之鸟，不明白他们为什么仍待在这儿？

海伦告诉他，正因为邻居们胆小怕事，

帕梅拉·沃纳

爱德华·沃纳

他们才感到安全。"狐楼"周围的区域，被认为是经常"闹鬼"的地方。此外，海伦"独自"同15名家庭雇工在一起，4个男士全都挎着大刀呢！

"到处没有路灯，"他抱怨道，"外面的黑暗处，什么事都可能会发生。"他恳求海伦捆起行李，马上搬家，无论去什么地方，都比留在那儿好。他认为，帕梅拉案件是他听到过的最令人憎恨的谋杀案。他怀疑，凶手很可能是一个疯子。"否则，可能因别的原因。"他说，"这是对外国人的警告，对你们这样的外国人的警告，尤其像你丈夫这样的人。也许，这是一起误杀案。"

他们坐在壁炉前取暖，可是，海伦开始打起冷颤来。她想起一个中国的"法西斯"青年，曾给她缝制过衣服，很讨人喜欢。海伦从他口中得知，他和当地的"法西斯"分子，在离他们住宅不远的城墙顶上，定期在月光下见面，练习1900年义和团打过的拳击术。有这种原始思想的人，也会相信器官可以做药物，就可能会剜出凶杀案受害者的心脏做此用途。当然，日本人买通这样的家伙杀人，也不是没有这样的可能。

斯诺回家很晚。他一直在饮酒，什么劝告也听不进去。他总感到自己是上帝的骄子！海伦总是10倍地为他操心，比他操心他自己要多得多。在埃德加·斯诺看来，杀害帕梅拉，只不过是当地的一起案件而已。他相信，外国人在华受治外法权的保护，仍然是神圣不可侵犯的。他一直在筹划，如何把他的西北之行撰写好，根本顾不上其他的事。

海伦一如既往地辛勤工作。为了使丈夫能集中力量写书，她替埃德加回复来往书信，仅此一项，工作量已经不小了。《生活》杂志买了他73幅照片，《亚洲》杂志买了2幅，每幅照片50元金币，真出乎他们的意料。北美报业联盟把他的一组文章，通过报业辛迪加在多家报纸上同时发表。《亚洲》杂志发表了毛泽东自传。就在那时，埃德加还应邀担任纽约一家名叫《美亚》新杂志的编辑，可是，他因为太忙就谢绝了。

不过，海伦关注着这起谋杀案侦破的进展，她从未真正相信，帕梅拉·沃纳谋杀案是针对她和埃德加·斯诺的。然而，这总是一个疑问。当时，警察的视线一次又一次被外国特权阻挠。爱德华·沃纳自己聘请了侦探，搜集证据，认定凶手，要求重新调查，却遭英国官方拒绝。此时，日本发动全面侵华战争，这个案件就渐渐被遗忘了。

75 年后，英国学者保罗·弗莱彻（Paul French）在伦敦国家档案馆，无意中发现了爱德华·沃纳当年留下的记录，决定沿着线索尽可能地还原这段历史，揭开不为人知的内幕。2013 年，他出版了 *Midnight in Peking*（《北平午夜》）一书，通过对

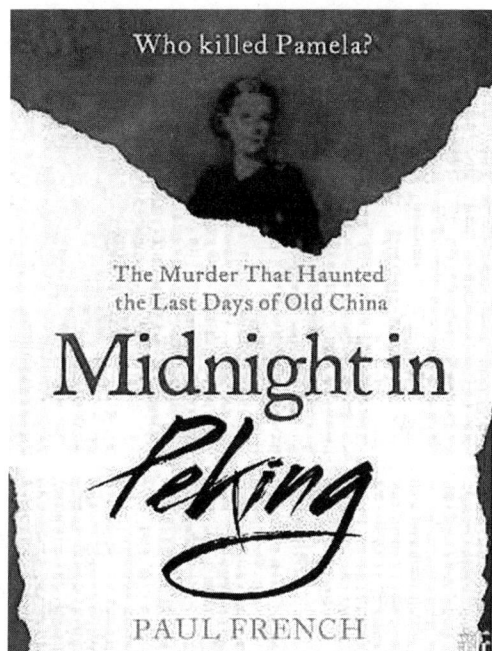

《北平午夜》封面

帕梅拉·沃纳谋杀案的深究，展现了当时北平阴暗病态的城市生活：特权与丑闻，鸡尾酒吧与鸦片窟窝，军阀与腐败，谣言与迷信——日本军队在城外步步紧逼，战争硝烟近在咫尺，北平老百姓惶惶度日，使馆区内受条约保护的外国侨民抓紧最后时间放纵狂欢，有人逃离北平到别处寻求以往优越的生活，也有大批俄罗斯难民逃到北平，生存在见不得光的灰色地带。由于这起谋杀案已过去 75 年，书中人物基本都不在人世，很难断定爱德华·沃纳掌握的证据是否客观，保罗·弗莱彻"再现"的情景是否全部真实。一方面，作者对大环境的描述、气氛的烘托，让《北平午夜》读起来更像是一部推理小说；另一方面，历史照片又把读者拉回现实，提醒读者：那些似乎不再合理的世界，却是 20 世纪 30 年代真实的北平。

创办《民主》杂志

1937 年 1 月的一天，斯本塞·肯纳德（J. Spencer Kennard）去盔甲厂胡同 13 号造访埃德加和海伦·斯诺夫妇，他说，他得到基督教公谊服务会 1000 元金币，要办一份基督教伦理期刊，希望对中国的年轻人起到一些影响作用。他认定，埃德加和海伦·斯诺对青年人的影响，比其他在华外国人都要大，"没有别的人有资格主编这份杂志了。"他要把这笔钱交给斯诺夫妇自由支配，条件只有两个：埃德加·斯诺的名字要作为主编出现在刊物上；杂志的副标题要印上"实用基督教伦理期刊"。

海伦在肯纳德的名片上写了几个字——"放下一切吧，他给你出 1000 元金币"，随手递给了斯诺。"我没有反对基督教伦理的意思，我是作为神坛童子长大的！"埃德加·斯诺高兴地放声大笑起来，"可是，我正在写书，忙得连一分钟都没有"。海伦非常赞同办刊的建议，并给她丈夫开出条件：只要斯诺肯把他的名字作为主编印上去，一切工作由她全包下来。她组建编辑部，每一期都会有一条独家新闻，发表斯诺手稿中的部分章节。他们还可以发表詹姆斯·贝特兰（James Bertram）关于西安事变的作品。这是一个多么好的机会啊！

肯纳德当即表态说："好极了！好极了！没有比讲真话更重要的基督教伦理了，对公谊会教徒尤其如此。基督耶稣为了这一点，被钉死在十字架上。正是耶稣自己，发明了社会主义。如果你们不以为然，请读《圣经·新约全书》中的'使徒行传'第二章。"

斯诺对海伦创办刊物的热情，当然是全力支持的。他当即作出三项承诺：可以使用埃德加·斯诺的名字作为主编；可以使用他拍摄的照片；可以选用他尚未登记版权的任何一篇文章。在当时的中国，需要动员人民抗日，或准许人民起来抗日，但国民政府连这么一点权利也不赋予人民。海伦和斯诺不约而同地赞同这一办刊宗旨，刊名 democracy（民主）也是斯诺夫妇决定的，而且把 democracy 刻意小写。海伦对办刊很自信，也有编辑的经验。她担任过小学校刊的编辑，担任过西部高中《年鉴》的副主编。海伦只是痛苦地意识到：她的"重要著作"的撰写，势必会继续后延。可是她心里明白，创办杂志正当其时，绝对正确，关键的时期就要到来。

她邀请梁士纯（Hubert S. Liang）担任编辑部会议主席，编辑部由梁士纯、斯本塞·肯纳德、海伦·斯诺、埃德加·斯诺和 J. 托德（O. J. Todd）组成。工程师托德因与梁士纯不和，辞职不干了。肯纳德又推荐了一位姓肖（Shaw）的新教士，此人发现编辑部的人"没文化"，不用大写字母写刊名，便扬长而去。他根本不了解斯诺夫妇用小写 democracy 的含义和良苦用心。一二·九运动的同情者哈利·普赖斯（Harry Price）、夏仁德（Ran Sailer）、张东荪、詹·贝特兰、艾达·普鲁伊特（Ida Pruitt），每人捐赠了 150 银元。基督教青年会会长爱德华（Edwards）答应寻找"保人"。于是，《民主》杂志就开办起来了。

编辑主任海伦·斯诺为创刊号撰写了论述中国与民主的方针性的文章："要认识到一切暴政和专制势力

斯诺夫妇创刊的《民主》(*democracy*) 杂志封面

1937 年 5 月 15 日出版的《民主》(*democracy*) 双月刊第二期目录

的暂时复活给文明带来的巨大威胁；民主力量为反对暴政和专制进行了许多顺利的斗争，而我们在民主的旗帜下，才得到了自己的社会地位……值得我们注意的民主的一个主要方面，是发现并传播反动势力的死敌、自由不可战胜的盟军——真理。"在人类历史上，民主有过不同的面孔和许多化身，其本质是升入较高社会阶层的流动机会以及发展与进步的权利。在当时的中国，则意味着：或动员人民抗日，或准许人民起来抗日。可是蒋介石太软弱、太恐惧，不会准许这样的事发生。他知道那样做，势必不可收拾，势必会威胁到他的统治。

海伦已经组织好这份双月刊的头两期稿件，准备 4 月 1 日出版，然而直到 5 月才见到杂志。燕京大学校长司徒雷登（J. Leighton Stuart）论述中国民主的一篇文章，与埃德加·斯诺关于毛泽东的报道，并排发在《民主》杂志的第一期。除了梁士纯外，海伦是诚心热爱这个"孩子"仅有的人了。可是，当她 3 月开始筹划她的延安之行的时候，她不得不把这个"稚嫩的孩子"交给约翰·利宁（John Leaning）。约翰顾虑很多，他不肯介入与刊物两个名称有关的事情。但是，他最后还是做了妥协，同意用"民主"做刊名，但坚决不同意用那个副标题。编辑部进行表决，放弃副标题，约翰同意留下，只是编辑部得付给他基本生活费，为他租赁一间房子，但他不允许斯本塞·肯纳德进入他的住宅区。

海伦和约翰有一个共同点，都喜欢奥格登·纳什（Ogden Nash）的诗歌，在设法拯救中国的那段时间里，海伦也没有失去美国人的幽默感。约翰爱听海伦讲双关语以及那些不根据前提推理的打趣话，有时甚至会把他的长烟嘴拿掉，惹得他大笑起来。他还在杂志上发表海伦模仿纳什的风格所写的一些诗句。斯诺夫妇在麦迪逊那座 1752 年的小农舍，就是约翰 1941 年帮助他们寻找的。

《民主》杂志的许多文章被翻译过来，在中文期刊上发表，引起国民党的注意，并反对它的亲共倾向。甚至连中国的死敌、当时南满铁路的日方总监松丘，为了他个人的目的，购买了 400 份《民主》创刊号寄回日本。1937 年 7 月 7 日，日军进攻北平的时候，把正在印刷的最后一期《民主》杂志夺走，《民主》被查封了。杂志被查封半年之后，英国驻上海领事竭力要求复刊。1939 年，斯本塞·肯纳德从四川来信说："弗朗克·普赖斯（Frank Price）想同梁士纯、海伦·斯诺一起参加复刊工作。"

正是在盔甲厂胡同 13 号，海伦·斯诺产生了创办《民主》杂志的构想。在中国全民族抗日战争爆发的关键时刻，这可能是中国出版的最重要的英文期刊之一。它虽然短命，却获得了巨大的、立竿见影的成功，"犹如黑暗的地平线上倏忽一闪的雷电，攻占了中国的知识界"。海伦对《民主》杂志情有独钟，念念不忘，她与编委们一直保持着联系。海伦在 1982 年的回忆中写道：

"梁士纯，1954 年后，一直在南京大学教英语，1972 年尼克松访华后，是第一个给我写信的中国人。1980 年赴美讲学两年，1982 年回国。"

"肯纳德，1939 年从四川给我写信，请我去那儿帮助他复刊《民主》；1974 年退休期间写信与我联络，他是基督教社会主义者。"

"哈里和贝蒂·普赖斯，在田纳西州的塞尔维县定居、执教，1975 年在那儿庆祝他 75 岁生日，我收到了他们的请柬。"

"夏仁德（1898—1981），中国人民的忠诚朋友，一直支持和同情中国人民的革命斗争。于 20 年代初来到中国，在燕京大学执教 20 余年，回美国后任中美人民友好协会的主要负责人。1973年访问中国，同50多位中国的老朋友进行了交谈，几年后谢世，朋友们为他举行了悼念活动。"

"张东荪（1886—1973），20世纪30年代中国最有影响的知识分子之一，是我在燕京大学的黑格尔哲学教师，1931年建立国家社会主义理论，1944年成为中国民主同盟创始人之一。"

传教士谋杀案

海伦·斯诺写道，1934 年在湖北省发生了一起骇人听闻的谋杀案。年轻的美国传教士斯丹姆夫妇（the Stams）被中国人砍了头。共产党人（具体地说，就是朱德领导的军队）因这起谋杀案受到谴责，尤其是受到国民党的谴责，因为有人看出这种宣传对国民党的价值。

这起谋杀案发生后，在华传教士们就结成了一个"恐共兄弟会"。即使共产党人与此事毫无牵连，传教士们也急于相信是共产党人干的。1935年，北戴河流传着一本小册子，书名叫《赤祸》，是一个传教士写的。海伦看得出来，这只是一个道听途说、不足为凭的宣传品，毫无任何真凭实据。海伦·斯诺认为，对传教士们来说，这样的反共立场是相当危险的。斯丹姆夫妇被害案件的怒潮，被利用来为中国教会募捐，也为蒋介石政权募捐。该案影响之大，足以使人们相信这样的可能：国民党自己出钱雇人作案，以便动员外国舆论反对共产

1939 年 8 月 16 日，山东省潍县基督教神召会第三次受灌典礼纪念

1935 年 9 月，基督教神召会岷县总会欢迎新牧师纪念

党，支持国民党。

　　令海伦·斯诺不可理解的是，1935 年至 1936 年，传教士为什么要冒着在中国失去前途的危险，如此大肆宣扬一个孤立的（尽管是令人痛心的）事件？她认为，传教士们应该比她更了解中国的农村：这是一桩惊天动地的事件，他们应当意识到自己在中国的群众基础是多么的脆弱。传教士们胆战心惊地意识到，如果当地村民自发地干了这种事，那么斯丹姆案件就会展现出更大的意义了。因此，他们想把这件事归罪于共产党。

　　人们不能忘记，就在距当时不远的 1900 年，慈禧太后曾下令杀害在华洋人和基督教徒，数以百计的外国人为此付出了代价。参与那次大屠杀的人，大部分在 1935 年还活着。同 221 名西方基督徒一起被杀害的，约有 2000 多名中国新教徒和 3 万名中国天主教徒。海伦遇到的不少传教士，义和团时期曾在中国，他们有些人就出生在中国。

30 年代，海伦有一种清教徒式的恐"谎"症。她当时天真幼稚，不谙世故，竟然没有意识到"大谎""小谎"以及影射暗讽，乃是战争的武器，尤其是内战武器库中的标准武器。海伦一直相信，忠诚总是在正确的一方，忠诚也是最好的政策。否则，信誉扫地，而道德、政治、人格则无从谈起。

20 世纪 30 年代中叶，旅居中国的外国人，没有一个人晓得远在内地的共产党是些什么样的人，不晓得他们是不是乐于砍掉无辜的美国青年夫妇的脑袋，必须有人去查清事实。海伦·斯诺下定决心，要弄清斯丹姆谋杀案的真相。两年后的 1937 年，她去了延安，访问过许多人，他们都没听说过这件事。她先后 5 次采访过朱德，闲聊中也谈及此事。朱德的军队从来就没有到过湖北省那个地区，他们驻扎的地方，距那儿还有好几百公里地呢，可是他却为此受到谴责。延安的人们确信，没有一个共产党人会干出这种事！那是极端愚蠢的做法，就是打杀他们的敌人，按规定也不允许砍头，更不会砍外国人的头了。后来，海伦 1940 年在菲律宾马尼拉见到了中国领事杨冠森，他曾被派往湖北调查斯丹姆案件，他也没有发现任何证据，能够确定是谁干的。

海伦的结论是，没有真正的共产党人与该案有关，但或许是有些混在当地人之中的帮伙——据说"带着臂章"——谋害了这对夫妇，只能看作是一种偶然事件。除了排外主义，也许根本就没有什么合乎逻辑的理由。

据海伦·斯诺说，第一位新教传教士是 1807 年的罗伯特·莫里森（Robert Morrison）；最后一位新教传教士是塔丽莎·格洛克女士（Miss Talitha Gerlach），她仍留在上海，虽不以传教为职业，但曾担任过基督教女青年会的秘书。1935 年，中国有 107 个新教派别的 5875 名教士和 512873 名领受圣餐的信徒，其中 37％为单身妇女——对新教徒来说，传教工作是妇女解放的一部分。1936 年，天主教自称有成员 2934175 人，修女、神甫、神职人员及教会杂役共计 12499 人。

辛亥革命推翻了大清王朝，中国政府一再表示对各宗教派别一视同仁，基督教在中国传布，成效惊人。各教派除了传道之外，还致力于各种社会事业，如建设大学、医院、书局、救济院、孤儿院等。另一方面，中国自治教会，也逐渐增多，遍及中国各地，远及海外。一些中国著名大学起源于教会学校。比较著名的新教中学早期有烟台中学，后期有培正中学、培道中学等；大学则有燕京大学、岭南大学、上海圣约翰大学、湘雅医学院、华中大学等。而天主教学校则有震旦大学、辅仁大学和静宜大学等。这些学校都为中国培养了大量的知识分子。

海伦·斯诺说，同亚洲别的宗教相比较，基督教是革命的、进步的——这是泰亚尔·夏尔丹坚定不移的观点。海伦从来没有不同的想法，只是她需要在燕京大学学习一年，想找到支持这个观点的证据。每个人都清楚，中国存在一个真空，天主教徒和新教徒都有填充这个真空的原料，然而两家都没担任这个角色。为什么中国人似乎对基督教伦理持敌视态度？甚至当他们除基督教外别无选择的时候仍是这种态度呢？

海伦·斯诺认为，这件事的谣传，在传教士和共产党人之间，制造了长久的憎恨和怨愤。共产党人认为，把谋杀案归罪于他们，是一个弥天大谎，破坏了他们的声誉，把他们说成是惨无人道的野蛮人。他们怨恨教士们年复一年撒下的弥天大谎，认为他们是蓄意妄为的。海伦写道："后来只过了 14 年，所有的传教士和几乎所有的外国人，都被赶出了中国。"

　　新中国成立后，人民政府制定了新的法律和宗教政策，提倡宗教自由，坚持"自治、自养、自传"的原则，办好"独立自主"的中国基督教会，不主张甚至不允许与外国的宗教团体建立联系。海伦·斯诺认为，新的宗教政策，与外国宗教团体反对共产党领导的中国革命，不能说没有关系。

"工合"婚姻

　　海伦是清教徒的后裔，是一位传统的女性，她认为"两个人结为夫妻，就是一家人，夫唱妇随；丈夫主外，妻子主内，这是天经地义的。"海伦和斯诺1932年结婚后，海伦包揽了一切日常事务——包括与斯诺的文学代理人及海外报刊、通讯社信件联络，接打电话，打印手稿，购物采买，料理家务，充当了斯诺的秘书和助手，以便让斯诺不受任何干扰、一心一意地旅行、采访、写作。

　　海伦认为，斯诺的工作态度和安排，是完全正确的，这也是他成功的秘诀：清早起来第一件事，就开始工作，他必须从睡意蒙眬的心境直接进入写作，不要任何事情在这条笔直而狭窄的小道上困扰他的思路，甚至早饭时不谈话，不看报，拒接电话。这是一个复杂的心理学问题，而不是缺少时间的问题，极少有妇女去了解这个重要的诀窍，因为这同她们的天性背道而驰。在他俩整个婚姻生活过程中，海伦完全为斯诺着想，午饭前，不分散他的精力，不让他受到任何干扰。

　　海伦把自己的写作，放在第二位，变成了"业余"工作。清早起来，总是忙忙碌碌地扫地擦桌，以便后半天能有点儿空余时间。她完全可以像斯诺一样，干她自己的工作。但她没有那样做，却总是处理那些"紧急的"事情。她不怕浪费自己的精力，她认为还有将来呢。

　　斯诺不满意海伦牺牲她自己的工作，把时间花费在各种各样的设想和事务上。斯诺对海伦的写作能力，尤其是对她的文学才能赞赏有加。事实上，他认为海伦是一个文学天才。海伦也是这样认为的，虽然她没有在她风华正茂的年月，把这一信念付诸实践。

他们婚后第一年，海伦要求斯诺要成为北平城里穿着最讲究的人，强迫他同各种各样的小组一起，参加周末的骑马、爬山旅行，还强迫他跳舞。海伦知道斯诺生性被动，需要推，需要拉，需要用力猛击。这对海伦来说是一件令她筋疲力尽的事情，她千方百计，尽力让斯

海伦·斯诺要求丈夫参加周末的爬山、骑毛驴旅行

诺增强体质。可是，第一年年终，她发现斯诺并没有改变的迹象。

"我需要的是你的赞同！"斯诺就像迷茫的小孩子那样问道，"这就是我工作的目的。为什么你还要批评我呢？我绝不批评你。"海伦被质问得哑口无言。幸亏海伦早有预见，决定从她的最高纲领向最低纲领来一个战略退却。她决定让斯诺自行其是。他天生令人喜爱，易于相处。只要不是他必须马上去做的事情，他就不想去做。斯诺如同密苏里的骡子一样，是天生的倔脾气。他一点儿也不懒惰，他喜欢自己的工作——写作、新闻、旅行。他不乱花一元钱，只买些美国香烟、咖啡及剃须刀片。在这些方面，他不肯降低西方标准。他憎恶宣传！他天性令人喜爱的一个重要原因，就是他从来不把自己的思想强加于人，甚至在他的文章中也是这样。

　　海伦决定继续坚持以下三点：第一，她无论如何必须保证斯诺的健康和工作；第二，除购买生活必需品外，她要更加仔细，不为自己花钱；第三，她决心不喊屈叫苦，怨天尤人，要知足常乐。海伦用一种自觉自愿的行动，放弃小事，以顾全大局。

　　斯诺夫妇受到的冲击不止一种。他们孤身处在一个格格不入的国度，被紧紧地挤压在一个小小的空间里。他们处于贫困的重压之下，与外界失去了联系。斯诺是个乐天派，并不感到痛苦。但是，为了这种独特的生活，海伦非常清楚她放弃了什么。然而，清苦的生活是快乐的秘诀，他们可以享用这种简朴的生活。

　　由于这种冲击和清苦的缘故，海伦的内心开始激荡着一种经过高压强化的、"精神力量"的爆发性合剂，这是体力和智力"活动说"（Energism）的一种副产品。海伦确信，精神的力量是由体力和智力进化而来的，精神的力量不是与体力和智力相脱离的，而是一个有机的整体。

　　"伟人的背后，必有默默无闻、未被颂扬的伟大女性"——海伦欣赏并坚信这则古老的格言。妻子是"发电机"，不断地产生物质力量和精神力量。这种力量支撑着丈夫，使他产生更大的成就变为可能。用海伦的话说，他们的结合，不是1+1=2，而是远远大于2，所产生的效果，是以几何级数增加的。斯诺婚姻是一个"工合"式的结合，为许多人和不少历史事件提供过动力。

　　1936年4月，斯诺计划中的西北之行，迟迟落实不了。斯诺想到恐怕又是三年前瑞金之行的下场了，有些灰心丧气。海伦极力鼓动丈夫："你必须去！如果我是你，绝对不会放弃这样的机会！"她建议丈夫南下上海，找宋庆龄帮忙，顺便访问鲁迅先生，并交给他一个有23个问题的"问题单"，请鲁迅先生谈谈他的意见，以便她完成长篇论文《现代中国文学运动》，《活的中国》正等待出版呢。斯诺接受了海伦的建议，南下拜访了宋庆龄和鲁迅，上海之行获得巨大成功——他的西北之行两周后成行；海伦的 23 个问题，为鲁迅提供了一个很好的机会，发表了他对中国新文学运动、左翼作家和作品的看法。

1937 年初，斯诺动手撰写《红星照耀中国》，海伦发现没有朱德的材料，也需要一些照片，她便自告奋勇，冒着更大的风险和困难，独自前往延安，圆满完成了任务。在斯诺写作毛泽东生平过程中，海伦坚决反对丈夫以第三人称改写毛泽东的谈话，要求他："毛泽东怎么讲的，你就怎么写！要使读者有身临其境的感觉，就像'在弗治谷听乔治·华盛顿讲革命故事'那样！"海伦在访问延安 4 个多月期间，根据不断变化的形势，多次给丈夫写信，要求他以大局为重，从文稿中删去那些对蒋介石不利的段落及文字，因为中共正在与蒋介石谈判建立抗日民族统一战线、改编红军的大事情。斯诺虽然不太情愿，但还是接受了夫人的建议。

埃德加·斯诺的《红星照耀中国》出版后，轰动了全球，也奠定了他在世界新闻史上的历史地位。这本书虽出自埃德加的手笔，却是两个斯诺两次西北之行的产物。书中的部分重要内容，是海伦 1937 年夏天在延安采访到的，不少照片也是海伦亲自拍摄的。海伦还对《红星照耀中国》的写作，提出过很多重要的建议。

《红星照耀中国》的成功，使埃德加·斯诺名扬天下，也使他对海伦充满感激，他说："在我后半生，你要我干什么，我就干什么。我将乐于做你的配角——真的，我说话算数。"斯诺还主动建议，"今后出版著作，都要署我们两个人的名字。"斯诺这样提议，也不是没有道理。如果不是海伦，他 1931 年就离开中国了。如果不是海伦坚持鼓动，他可能就会放弃西北之行。不过，海伦却谢绝了丈夫"署名"的建议。

具有文学才华的海伦，15 岁就在盐湖城报纸上发表诗作；在盐湖城西部高中读书时，被选为学生会副主席，并担任学校"年刊编委会"副总编。她从小立志，要当一个大作家。海伦很要强、很自信；她总能以大局为重，不惜牺牲个人的利益；她忠于爱情，乐于奉献，不愿意凭借他人（包括自己的丈夫）的影响或光环，去炫耀她自己的重要性。1932 年结婚前，她一直用自己的名字"海伦·福斯特"发表作品；结婚后，就用"尼姆·韦尔斯"的笔名发表文章、出版著作。这个笔名是她要求丈夫为她取的。斯诺说："要个笔名？ Nym 就是 name；你的祖先是 Welsh 血统，就用 Nym Wales 吧"。

1937 年 11 月，海伦在上海提出"工业合作"的主张，为抗日军民提供急需的物资。斯诺开始不同意，在他们的好友梁士纯的撮合下，斯诺还是同意了，于是请来了路易·艾黎一起商议。紧接着，一个轰轰烈烈的工业合作运动在全国兴起。海伦在海内外报刊发表文章，促进"工合"运动的开展，为"工合"筹集急需的资金。她看好"工合"的前景——不仅能生产自给，而且是从基层建设民主的好方法。《中国为民主奠基》是海伦撰写的关于中国"工合"运动的唯独仅有的一部专著，计划 1940 年在香港出版。斯诺为海伦高兴，主动为这本书写了一个"序言"。凭着他当时在海内外新闻界的威望，一定能得到出版界的重视，而且可望畅销。他在写好的这个"序言"上签了字，交给了海伦。但是，考虑到各种政治力量对"工合"的不同看法，海伦从大局出发，希望团结尽可能多的力量支持"工合"运动，她最后还是决定"不用这个'序言'为好"。

海伦有一个"婚姻动力学"理论，她写道："斯诺婚姻是一个完美成功的婚姻。我们所写的每一本书，所做

1941 年，回国后的埃德加和海伦·斯诺夫妇

的每一件事，最后证明都是非常正确的。这种'婚姻动力'不是把这个'二人工作队'的效率翻一番，而是以几何级数增加了许多倍。如果上述的这种婚姻动力已不复存在的话，我也非常赞成离婚。"斯诺"工合"式的婚姻延续了17年，两人于1949年5月还是分手了。

两人分手，标志着婚姻的结束。用传统的观念去衡量，他们是不是成了仇人？答案是否定的；昔日的友谊是否不复存在？答案是否定的。那为什么还要分手呢？我曾花费了10年时间，查阅了他们离婚的所有资料，同海伦本人进行过多次推心置腹的交谈，终于明白了其中的道理，于是，在20世纪90年代初，写了一篇1万多字的论文《斯诺婚姻之谜》，并得到海伦本人的肯定。可是长期以来，我无法用一两句话，把这种逻辑说明白。大约在10年前，我偶然听到一首流行歌曲《有一种爱叫放手》，帮我把这个难题解决了。

离婚8年后的1958年，埃德加·斯诺出版了回忆录《复始之旅》(*Journey to the Beginning*)，还赠送给海伦一本，并在扉页上题写道：For Auld Long Syne（为了"友谊地久天长"）。在这本书里，斯诺是这样讲述海伦的："我至少应该谈谈我跟这位很不寻常的女人共同生活的一些情况。在我此后亚洲生活的8年间，她是我忠诚的合作者、伴侣和评论者。她常常给我带来苦恼，却又常常激励我。她始终精力旺盛而且富于创造性。""她就像希腊女神，无论从哪个角度看都很可爱。她22岁，身材健美，有一双灵动俏媚的蓝眼睛，是在静安寺路上漂流的一位既美丽又聪明的女性。说漂流也不确切，她比我更有心计。由于博览群书，激发了她的好奇和幻想，使她产生了浓厚的求知欲望，想成为一名大作家。"

1932年，当斯诺与海伦热恋、准备结婚的时候，斯诺给他的父亲和姐姐的书信中，是这样介绍海伦的："让我完全拜倒在石榴裙下的姑娘叫海伦·福斯特，她皮肤白皙，有一头金色秀发和一双清澈深邃的蓝眼睛，还有让人仰慕的聪慧头脑。我们俩看待事物总是观点一致，我们追逐的是

090 伟大的女性——海伦·斯诺

同一个梦想，我们都充满激情和热望。她写得一手好文章，是个了不起的诗人，她的诗作会让雪莱和布莱克如同我那些老旧的剃须刀刃一般愚钝不堪。""我坚信，我们的结合，定能打下半壁江山。……她真的很迷人，很可爱，有教养，会说好几种语言。海伦是一个奇才，一个天才，一个才华横溢的人。……她完全有能力写出这个时代任何其他女性无法写出的伟大作品。"

以上两段对海伦的描述和评论，虽然是埃德加·斯诺不同时期、不同心情的写照，但他对海伦的才华、美貌、性格特点以及对她本人的评价，却是始终如一的。

1960年，埃德加·斯诺访华之后，于1961年1月17日（离婚11年之后）给海伦写了一封信，带给她一些中国老朋友的消息："在向你问好的老朋友之中有龚普生、龚彭、陈翰伯、王汝梅（黄华）、姚依林（大卫的老朋友）、王林、邓颖超、路易·艾黎、安娜·路易斯·斯特朗、爱泼斯坦，等等。我们的老朋友大卫前年去世了。几年前，他患肺结核，可后来治好了。他是死于突发性心脏病的，曾是第二梯队的领导人，受人爱戴，被人们怀念。……凡我们认识的中国人，都充满关心和深情地谈到你。如果你想去那儿的话，我相信他们会欢迎你的。"斯诺还补充说，他的那次中国之行花了6000多美元。他是《展塑》杂志和他的出版商兰德姆出版公司派去的，访问后准备写书。

我与海伦·斯诺历时19年的交往中，从来没看到或听到她对斯诺的任何抱怨，相反她总是高度评价斯诺所取得的成就。她对他们1949年分手并不感到遗憾，对斯诺再婚并有了两个孩子感到高兴："这是他奋斗一生理应得到的。"我告诉她，我1973年在延安接待了来访的斯诺的女儿西安·斯诺，并让她看了我们在延河大桥上的合影。海伦非常高兴，并夸奖西安·斯诺"很漂亮，看起来很和善"。

1972年2月15日，埃德加·斯诺在瑞士不幸逝世。那一天，海伦·斯诺在纽约大都会博物馆，正在举办她的图片展览。听到这个噩耗，海伦对采访她的记者说："埃德在他事业的顶峰，突然辞世，确实令人感到遗憾和痛心。他对中美关系的贡献，在本周已向世人展现出来了。"

别样的"恋情"

1933年初，埃德加和海伦新婚燕尔，到达北平后，人生地不熟，找不到一个可以聊天的人。尤其是海伦，抑制不住心中的念头，渴望结交一些知识界的伙伴。周末的社交活动，给他们提供了极好的机会。海伦先后认识了著名的耶稣会神父泰亚尔·夏尔丹（Teilhard de Chardin）、哈利和贝蒂·普莱斯（Harry and Betty Price）、埃文斯·卡尔逊（Evans Carlson）、海伦·伯顿（Helen Burton）以及詹姆斯·贝特兰（James Bertram）。

由于志趣相投，对中国的现实问题很感兴趣，斯诺夫妇与贝特兰一起，很快组成了一个令人向往的小圈子。贝特兰是奥克兰一位牧师的儿子，毕业于英国牛津大学，主攻英国文学，罗兹奖学金学者。他去过德国、意大利、苏联，接受了进步思想，反对法西斯主义。他曾写道："希特勒在德国上台那年，马克思主义在牛津大学知识分子中的时髦程度，就像人们去莫利体育馆那样。"他解释说，在牛津，他们的同学大多数是社会主义者。

年轻的贝特兰，给海伦留下美好的印象："吉姆很吸引人，高大，强壮，活泼，英俊，长着满头卷发和一张苏格兰人的面孔，文静，有教养，和蔼可亲。他蓝色的眼睛充满着探索的神情。他张开双臂，在追求新的经历。"贝特兰告诉海伦，他对被压迫的人民、对他们的革命很同情，很支持，他准备写书，至少写两本。海伦高兴地告诉他，自己也有同样的计划。后来的实践证明，他们这个小组的每一个成员，都做到了，而且超额完成了。贝特兰出版了4本有关中国的著作，埃德加出版了9本，海伦出版了5本（另外，还积累了6卷历史笔记资料）。

贝特兰参加过牛津大学俱乐部，发誓不为英王和英国作战。然而，结识斯诺夫妇后不到3年，他就不得不面对第二次世界大战，并且打算参军。海伦劝说他，想阻止他这么做；海伦试图把贝特兰留在他们这个"中国通"小圈子里，因为他们非常需要他。

海伦首先说服斯诺，把贝特兰作为他的通讯员派到西安去；然后，海伦把贝特兰介绍给她和斯诺的文学代理人亨利埃特·赫兹（Henriette Herz）以及他们的著作出版人。有斯诺的帮助，海伦把贝特兰扶持起来了，成为他们这个小组的一名干将。但是，久而久之，由于个人的原因，埃德加想把贝特兰赶走。

当时，贝特兰渴望同海伦一起去朝鲜旅行，然后再去西安。海伦惧怕孤单，尤其是前往西安的险象环生的旅途。然而海伦知道，如果她同贝特兰一起去旅行，仅因为一起露面这件事，埃德加也一定会大发雷霆。

从1935年11月到1936年6月末，海伦无时无刻不忙于学生运动，不仅在打字机上打了又打，而且还不得不在一些远非她力所能及的项目上大费脑筋。她像一个不拿报酬的行善者那样，忙得分身乏术。到埃德加前往苏区的时候，海伦疲倦极了，她已放弃了体育锻炼的念头。她只希望康复，恢复到原来的体重。她估计，1936年夏季，是她访问中国东北和朝鲜的最后机会。埃德加的名字传到哪里，那里的日本人就对他诅咒不止。因此，她的旅行，充满了风险，尤其是土肥原贤二及其同党，对他们在一二·九学生运动中的一切活动非常了解。

贝特兰为海伦担心，想与她同行，以便一路上保护她——他可能感到这个计划同个人感情没有关系。但海伦拒绝了，虽然贝特兰并不完全理解海伦拒绝的理由。有趣的是，由于海伦对埃德加·斯诺的突然消失（去西北秘密访问苏区），只字不提，守口如瓶，有些外国人，包括贝特兰在内，竟怀疑他们夫妇俩已经分居了。

海伦出发去中国东北、朝鲜之前，需要在北戴河疗养一段时间。她的朋友哈利和贝蒂·普赖斯再次热情地邀请海伦到他们那儿去住。海伦琢磨着，北戴河之行，可能是她在中国的最后一次暑期度假了。

不过，海伦吃惊地发现，吉姆·贝特兰同时也被邀请去那儿度假。但这并没有大煞风景。他们在那儿下海游泳，睡蚊帐，爬沙丘，瞭望着渔夫们在蓝色的北戴河海滩上，铺开湿淋淋的渔网晾晒。他们在一起谈论青年、艺术、革命问题。他们谈马克思主义、资本主义和社会主义，谈论中国面临的问题。

一天下午，贝特兰和海伦单独去村里买东西，在一个夜总会式的小地方停了停，在那儿跳了几轮舞。贝特兰很尽兴，但海伦感到他却是一个很笨拙的舞伴……

1936 年 8 月，海伦和贝特兰在北戴河海滨游泳时的留影

在其他人眼里，他们俩人的言谈及活动，似乎已超出一般朋友之间的友情。正像贝特兰自己对海伦讲的那样，"你必须对我'残酷'一点儿。"海伦认为，对他们已有的这种关系来说，贝特兰是个理想的人——他们只能保持这样一种关系。东方的礼教、习俗是十分严格的，对英国人尤其是这样。

但是，英国人也好，美国人也好，他们都具有一个共同的清教徒传统，在任何情况下都要行为端正。正如贝蒂·普莱斯在北戴河对海伦所讲的那样："幸亏您是一位贵妇，吉姆是一位绅士。"海伦心里很清楚，她在中国的地位，对她实在太重要了！她绝不能让乱七八糟的事情把它毁掉。她可以有几个密友，但是，要有条件的——她不仅在表面上，而且在实际上，必须保持忠贞。从一开始起，就必须使她的爱慕者，在脑子里确立起这些基本的规则。海伦小心谨慎，与他们之间保持一定的距离。海伦这样做，斯诺是同意的，认为不成问题。但是后来，当他看到海伦和贝特兰在北戴河海滨身着泳衣的合影，很不高兴，心里燃起了熊熊的妒火。

1936 年 8 月，海伦开始旅行，先去了东北，在大连与美国领事约翰·艾利森（John Allison）及夫人珍妮特（Jeannette）在一起。艾利森夫妇与海伦是老相识，他们 1932 年圣诞节曾参加过斯诺夫妇的婚礼。西安事变爆发后，贝特兰立即启程赶到西安，采访了张学良、杨虎城将军，并同史沫特莱一起，在西安电台用英语向外界广播，打破了国民党的新闻封锁。

1937 年 9 月，海伦访问延安归来，贝特兰陪同斯诺去西安迎接海伦。随后，贝特兰去延安访问，毛泽东曾多次接见他，并就他提出的各种问题发表了重要讲话（即《和英国记者贝特兰的谈话》，收入《毛泽东选集》第二卷）。随后，贝特兰去晋南八路军总部和 120 师采访，冒着生命危险，随一支小分队遍访华北战线前沿地区，先后采访了朱德、彭德怀、周恩来、张闻天、贺龙、萧克、左权、关向应等人，并作了详细报道。他对中国共产党和八路军的领导人有了直接的、较深的了解，由衷地钦敬他们，相信中国抗日的希望在中国共产党和八路军。他的公正客观报道和有关著作，使得中国人民的英勇斗争得到了国际上的同情和支持。

海伦晚年回忆道："回想起来，今昔对比，我们一伙年轻人，在那些日子里是多么规规矩矩。"事后，海伦为她当时能够做到的事情感到惊奇。她不仅同中国人打交道，而且还同几位男性仰慕者打交道，并和他们相安无事。

海伦评论说，贝特兰为他的中国经历付出了沉重的代价。1941 年贝特兰在香港被俘，做了 4 年日本人的囚徒，在海港上干苦力活儿。海伦和斯诺一直不知道贝特兰的下落，1945 年，她才收到贝特兰一张便条，是他在刚登上接应释放战俘的美国轮船上写的。直到 1957 年，海伦和贝特兰才再次相见。那时候，贝特兰使用洛克菲勒补助金，同他的妻子琼斯一起在美国休假旅行。

晚年的海伦，经常回想着那些在两次世界大战中被毁掉的青年人的青春、健康、崇高的希望以及他们的才华，她认为，这种情况在英国人中尤其是这样。1986 年夏天，海伦向我多次谈起过贝特兰。她说，从 50 年代后期，她和贝特兰一直保持着通信联系。1984 年，她的传记《我在中国的岁月》在纽约出版后，全世界只有两个人，撰写并发表了有分量的、长篇文章，介绍她在中国的经历，向读者推荐她的自传。一个是中国的萧乾，另一个就是詹姆斯·贝特兰。海伦还告诉我，"今年是西安事变 50 周年，吉姆来信告诉我，他可能要去中国，还要去西安！你一定要见见他。"

1986 年 12 月，作者与英国著名记者詹姆斯·贝特兰在西安会面

　　当年 12 月的一天，陕西省对外友协突然接到统战部门的一个通知：新西兰友好人士詹姆斯·贝特兰到了西安，要求见安危先生。我如约前往他下榻的人民大厦，贝特兰一看见我就说："我们是第一次见面，但我早已认识你了——是从你和佩格（海伦的别称）的照片上认识你的。"他还说，"我要感谢你和你的朋友翻译出版了我的一本书。"虽是初次会面，我们却像多年的老朋友一样，一起交谈了两个多小时，谈西安事变，谈他在中国的经历和结识的朋友。但谈得最多的，还是我们的共同朋友海伦·斯诺。贝特兰说，海伦写信告诉他，"安危是个非凡的人（a remarkable person），你会喜欢他的。"

　　与贝特兰先生的会面和交谈，我进一步领会到他与海伦·斯诺之间的深厚友情。说友情，可能还不够，应该是那种不可多见的、别样的"恋情"吧。

海伦与黄敬

　　一二·九学生示威游行后不几天，黄华领着一位名叫大卫·俞（即黄敬）的青年人，去盔甲厂胡同 13 号造访埃德加和海伦·斯诺夫妇。

　　海伦·斯诺对大卫的第一印象是："高个子，脸色苍白，精神疲惫，穿着一身中式的毛料褐色长袍，显得有点儿邋遢。他相貌英俊，表情丰富。他并不像神情紧张，然而，当他拿起一张纸时，手却颤抖。尽管他大约只有 24 岁，但他却很有气派，具有一种罕有的品质。"海伦想，他一定是个出色人物，一定是真正的地下共产党员。在那个年代，提及"党员"或"外围组织"，是最容易冒犯他人的事情，人们绝不询问诸如此类的问题。"可是，他苍白的脸，是坐牢的结果吗？"海伦琢磨着。

　　大卫像几乎所有的中国人那样，起初并不惧怕斯诺夫妇的爱犬"灵缇"，但另一只爱犬"戈壁"，"却是北京学联持会员证的创始成员，"海伦对大卫说，"它必须探听一下每一件正在进行的事情"。大卫坐进一把垫得鼓鼓的大椅子，"戈壁"从他的身旁爬起来。从那时起，大卫给斯诺夫妇写信，即便是写一张简短的便条，也从来不忘记问候他的好朋友"戈壁"。

　　几分钟后，另外三名学生来了。大卫以一种长者的神情，把他们上下打量了一番。他们五个人坐成了一圈，一个个脑袋向前伸着，几乎碰在了一起。他们低语交谈，紧张的气氛无法形容。"戈壁"从它的老朋友黄华旁边，把它那又长又黑的鼻子，伸进了这个小圆圈。海伦从靠近窗户的书桌那儿，向"小圆圈"发出警告："如果你们不想让我们的雇工把你们交给警察，就不要学好莱坞电影里那种阴谋家的样子了。他们进来时，你们得支起身子，往后坐一点儿，谈论老子的'无为'。"

斯诺夫妇忠实的满族管家端着一盘茶点出现了，他穿着毛毡底拖鞋，走路就像猫一样悄然无声。"戈壁"向学生们发出警告，他们"做贼心虚"似地猛然抬起了头。管家一离开，那些脑袋又凑成一个圆圈，茶都忘记喝了。海伦忍不住笑了。她在想，"当中国人忘记喝茶的时候，那就是革命。"

海伦深深地喜爱上这5个人——但愿他们一直忘记了喝茶。然而他们的安全，让海伦如坐针毡。她已经认识宋黎，他精力充沛，无所畏惧，目光炯炯，是一二·九学生运动中领导

1935 年时的黄华

学生上街游行的东北代表，他冲进了武装警察的队伍。后来，他同张学良少帅取得联系，少帅待他如同至友，甚至派部队把他从监狱中救了出来。姚依林是清华大学的代表，当时是二年级学生，年仅17岁，才华横溢，是个天生的领袖，同共产党员们一起工作。海伦清楚地记得，第五位"阴谋家"叫张兆麟，东北人，燕京大学学生会主席，学运后去西安为张学良办报纸。1936年10月3日，海伦·斯诺在西安独家采访张学良将军期间，张兆麟为他们做翻译。大卫、黄华、宋黎、姚依林、张兆麟——这5位是学生运动的智囊团。他们不仅指导华北的学生运动，也指导全国的学生运动，因为全国各地的学校，都接受大卫领导的北平学联的指导。

这一帮学生领袖们，经常在盔甲厂胡同13号斯诺夫妇的住宅聚会，别的地方太危险。海伦看得出来，他们从大卫那儿听取指示。大卫看上去

1937 年 5 月在延安时的黄敬

像个专家，可是海伦一点儿也不知道他是个什么样的重要人物。她以为大卫只是幸运地成为唯独仅有的共产党员，或者是活着出狱的少数人之一。从他谈话的方式来看，海伦确信他是在自主决策——似乎独立处事，背后别无他人。

海伦和埃德加·斯诺一直希望同一位真正的共产党员接触，他们有重要事情商讨。大卫显然在 12 月 9 日前夜，与燕京大学的学生领袖取得联系。海伦一直认为，大卫到来之前，北平似乎没有任何共产党组织。他们称之为"彼得"的一位教授，看望过他们一两次，然而，斯诺夫妇听说他是一位"社会民主党人"，就不信任他了。不过，他在教师中很活跃，海伦猜想"彼得"就是徐冰。在那些年月里，什么事都是秘密，什么人都受到怀疑。1936 年 2 月，刘少奇到了华北，徐冰很有可能就同他一起工作。在此之前，刘少奇在江苏被监禁。①

其他四位离开后，海伦请大卫留下来。"我不知道你最后一次吃东西是在什么时候。"海伦询问道，"你能同我们一起用西餐吗？""我不操心吃饭的事，"他回答说，"因为我吃了东西，胃里总是不舒服"。大卫说，他的问题是失眠，还有心脏病。不过，他同意留下，同斯诺夫妇一起用餐。

海伦很快就了解到，大卫每隔三五天，就要从一处住所或旅店，搬到

① 1978 年 9 月，时任西安市长的王林给海伦这样讲时，作者当时也在现场。

另一个地方去住，以免被警察发现。说不定哪一天，他会被一个认识他的人出卖。大卫很爱他的母亲，当时他住在南方一个城市，母亲供给他急需用的钱。当大卫第一次了解到北平的学生运动并立即赶到北平的时候，他正同母亲住在一起。他母亲为他担心，但并不干涉他的活动。

关于大卫个人的经历，海伦最初只知道在 1932 年的示威游行中，他曾经是燕京大学的学生领袖。大卫从来没告诉海伦，中国著名的科学家、燕京大学教授曾昭抡是他的亲娘舅，大卫的母亲是曾国藩的曾孙女。1935 年至 1936 年，曾昭抡同情学生运动。据海伦旧得发黄的记事本记载，直到 1936 年 2 月 25 日，大卫才对她说："我曾于 1933 年 4 月在济南被捕，戴着手铐脚镣坐了半年牢。我被判处死刑时，我叔叔营救了我……"他说，"叔叔是蒋介石的亲密朋友，蓝衣社的四大元老之一。"海伦后来才发现，他那位蓝衣社的叔叔是俞大维，做了蒋介石的"国防部长"。大卫的爷爷俞明震，是鲁迅的恩师，曾送鲁迅去日本留学。

大卫说，济南监狱中关了 300 多人，他是 40 名大学生中的一个。他被监禁期间，有 12 名共产党员遭到处决。他补充说："南京每天都处决共产党人。"他告诉海伦，1936 年北平约有 1000 名政治犯在押，全是第三宪兵团抓捕的，绝大多数是学生；全中国关押的政治犯，大约有 5 万多人。

大卫身体不佳，济南的遭遇，以及后来的艰难险阻，把他的身体彻底摧垮了。"大卫，你必须休息，远离危险，否则你活不久。"海伦试图说服他多多休息。"没用"，大卫回答说，"我越休息越糟糕。我的心脏也就跟着不行了。我已经试过了，跟我母亲待过。我活动活动，就感到好一些。你瞧，没有别的人替我完成我的工作呀！"

海伦在 1936 年 3 月 7 日的旧笔记中写道："大卫告诉我，他和黄华前一天晚上险些没逃脱逮捕。他给我一张被捕学生的名单，全是奸细出卖的。法西斯党徒现在已经组织起来，要破坏'左'派。他说，他已上了蓝衣社的五种黑名单。"

　　大卫总是沉着冷静，从不气恼。他风度高雅，说大学生们是"小资产阶级过激派"，"左得太过分"。他善意地取笑那种"英勇的行为"。他并不急于让海伦·斯诺去影响学生。大卫常去盔甲厂胡同 13 号，因为他没有安全的地方可去。海伦说，同大卫一起讨论马克思主义、分析"客观形势"，真是有趣——她从来没经历过比这更加有趣的事情了。他们谈得好极了！海伦偶尔胜了大卫，他就说："你无疑是一位优秀的鼓动家。"

　　海伦说，大卫是一个卓越的、令人钦佩的人，是一位真正的马克思主义者。他决心做一名共产党人，那是一种高尚道德的选择，而不是出自经济需要或者阶级仇恨。他头脑清晰，才华横溢，绝对忠诚，任何事实（只要与他本身不自相矛盾）都愿意考虑。他头脑聪明，思想和心理都很健康——这是令海伦着迷的品质。他在自己的马克思主义实践中，反对盲从，他把马克思主义当作思考的锐利工具。海伦并非经常同意大卫的意见，可是从大卫那里，她第一次了解了中国的整个政治情况，尤其是蒋介石和国民党。大卫认为，蒋介石和国民党软弱至极，不能保卫中国，也不能担当起任何历史的使命。

　　1936 年 2 月，一位重要的共产党人到达华北，他就是刘少奇。随之而来，政策有了变化，批评学生运动搞得过"左"，提出一个更为广泛的"抗日民族统一战线"的政策。如果"法西斯分子"想加入，也可以纳入到这条统一战线中来。大卫告诉海伦，他们在北平应当有一个"广泛的抗日民族统一战线"，而不仅仅是一个"反法西斯阵线"。

　　1937 年 5 月，海伦在延安再次见到大卫，他欢迎海伦到延安访问，老朋友相逢特别高兴。那时，海伦才知道他用了黄敬的名字，他当时在华北是共产党的"二号"人物。延安分别后，海伦就再也没见到过他。不过在 1938 年，黄敬通过埃文斯·卡尔逊，向海伦和埃德加·斯诺致以问候。当时，卡尔逊在冀中之行中遇到了黄敬，他在那儿担任八路军某部队的政治部主任。

新中国成立后，黄敬曾任中共天津市委书记、第一机械工业部部长、中央委员会委员。

海伦说，她和埃德加·斯诺当时本能地意识到，某种震惊世界的大事件正在酝酿；将要赢得第二次世界大战胜利的反法西斯同盟，在燕京大学已部分地诞生了。一二·九学生运动另一个重要标志，毛泽东在《新民主主义论》中，把它列为 1919 年

1936 年 10 月，张兆麟为海伦和张学良做翻译

以来中国历史上 6 个阶段的第四个阶段。在 1944—1945 年新民主主义革命的基础上，毛泽东乐意同美国人合作。如果这样的合作当时能得以实现，世界历史就会全然不同了。然而事与愿违，法西斯势力在美国抬头，美国切断了斯诺夫妇同中国的关系。海伦·斯诺认为，外国人永远不会像他们夫妇俩 1935 年至 1938 年那样，在中国身处举足轻重的位置了。美国从 1947—1949 年进行反共干涉后，似乎再也不可能出现那种积极向上、令人愉快的中美合作了。

海伦晚年写道："从 1935 年起，正是这些燕京大学、清华大学的学生，成了中国'左'派和共产主义分子同西方联系的桥梁，他们是 1972 年恢

复邦交的工程师——那时，埃德加·斯诺得到毛泽东的同意，尼克松总统才去了北京。因而，新中国与美国的友谊，是在 1935 年的一二·九运动中诞生的。"

特殊的介绍信

这是一张珍贵的毛泽东半身像，由埃德加·斯诺1936年夏天拍摄于陕北保安，原题为《苏维埃的巨人》，现在通常称为《毛主席在陕北》。这张照片流传甚广，至今被奉为毛泽东相片中的经典之作，也是世界印刷史上印制量最大的一张照片。斯诺撰写的毛泽东生平和这张照片，首次刊登在1936年11月14日上海出版的英文报纸《密勒氏评论报》上，立即轰动全国，摧毁了国民党新闻机构多年来所宣传的红军是"流寇"和"赤匪"的谣言，振奋了人心。但是，毛泽东本人第一次见到这张照片，却是在1937年5月3日上午。

1937年4月，海伦·斯诺第二次来到西安，冒着生命的危险，经过千辛万苦，于4月30日到达彭德怀部队的驻地云阳镇。翌日，她参加了云阳镇的五一节庆祝大会；5月2日晚，到达她朝思暮想的延安。

海伦写道："抵达延安后的第一个早晨，新来的警卫员宣布，毛泽东主席和朱德将军来院子看望我，向我表示欢迎。由于乘大卡车长途跋涉，一路艰辛使我感到困倦无力。我无法决定再搽搽口红——西方文明在我身上的一条命脉——还是把口红彻底擦掉。结果，我既没有搽，也没有去擦。"①

海伦见到两位久仰的红军领袖，异常激动，与他们一一握手。毛泽东赞扬她半夜跳窗、逃离西安的胆识和勇气，欢迎她到延安采访。海伦对毛泽东说："我丈夫一回到北平，我就用打字机打出了您的传记。他正在写的书，将会影响每一个阅读它的人，我当时就决定，要不惜一切代价，到您这儿来访问。我丈夫要我从您这儿把最后一章搞到手。"②

毛泽东以他习惯的方式轻轻地笑了，和蔼可亲地点了点头。紧接着，海伦拿出一张照片，亲手交给毛泽东，并幽默地说："这是我的介绍信。"

海伦多年后写道："埃德加·斯诺为毛泽东拍的这张照片，有可能是毛泽东所有照片中最重要的一张。自1937年后，这张照片成为毛泽东的标准像之一，一直在使用着。1937年，我把这张照片第一次带到延安。我把照片亲手交给毛泽东，他看后大吃一惊，几乎从椅子上摔下来。不过，他随即站了起来说：'我不晓得我看起来像这个样子！'毛泽东之所以喜欢埃德加·斯诺，这是原因之一。"③

照片中的毛泽东身着红军军装，头戴八角帽。他斜侧着身体，面容带着一丝长征后的憔悴，但目光坚定有神，略有思索，望向远方；他眉头微皱，似乎心事重重，却又英气外溢，使人感到他的自信与力量。这种混合的气质是这一时期毛泽东的标志。不少人说，在这张照片上，第一次显现了毛泽东下巴上的那颗痣，而这颗痣在以前的照片中从未出现过，所以民间传闻毛泽东是"中年得志"。这一说法虽纯属臆测，却颇能反映当时毛泽东的处境。这一年是中国国内外局势大转变的关键一年。对毛泽东而言，遵义会议事实上确立了他在党内的领袖地位，但仍然存在不同的声

①　海伦·斯诺：《我在中国的岁月》，安危译，北京出版社2018年版，第278页。
②　海伦·斯诺：《我在中国的岁月》，安危译，北京出版社2018年版，第281页。
③　海伦、安危合著：《忘年之交》，马珂译，陕西旅游出版社2003年版，第243—244页。

音；红军初到陕北又亟待扎根，外部仍有国民党部队围困，日本侵略者对中国虎视眈眈。如何荡平内忧外患，成为毛泽东思考的问题。这张照片则反映了此时毛泽东的内心世界。

1985 年秋天，我与海伦在她家聊天时，她亲口告诉我埃德加·斯诺拍摄这张照片的经过。她说，"1936 年的一天，在保安毛泽东居住的窑洞前，埃德给毛泽东拍了这张照片。当时，毛泽东没戴帽子，头发又长又乱。埃德当时想，毛泽东是红军领袖，应当戴上一顶红星八角军帽才对。于是，他就把自己戴的红星帽摘下来，给毛泽东戴在头上，拍出了这张精彩的照片。"

1936 年夏天，埃德加·斯诺在保安

1936 年 10 月，埃德加·斯诺从陕北回到北平后，高兴得手舞足蹈。海伦写道："他从一件行李包里，取出一顶灰色旧便帽，上面嵌着一颗褪色的红星。他把这顶帽子斜戴在头上，在屋子里欢呼雀跃。他成功了，活着回来了！迸发出胜利者的骄傲。……忽然间，我想起埃德胶卷的重要性：不等旁人知道是什么东西，必须把胶卷冲洗出来。"①

在以后的岁月里，埃德加·斯诺就把这顶红星八角帽珍藏起来，作为他首次采访毛泽东和具有历史意义的西北之行的纪念。1975 年 9 月，斯诺的第二任夫人洛易丝·惠勒·斯诺（Lois Wheeler Snow）访华时，亲手

① 海伦·斯诺：《我在中国的岁月》，安危译，北京出版社 2018 年版，第 202—203 页。

将这顶斯诺保存了 36 年的红星八角帽交给了邓颖超。邓颖超随后转交给
中国革命历史博物馆（现中国国家博物馆）收藏。这顶珍贵的红星八角帽，
以及这张珍贵的照片，作为埃德加·斯诺与毛泽东友谊的象征，现陈列在
中国国家博物馆展柜中，供人们缅怀、瞻仰。

海伦的红军装

　　1937年4月21日，海伦·斯诺从北平到达西安，急于去延安采访。但是她一到西安，就有6名国民党便衣特务昼夜盯着她，使她难以脱身。4月29日深夜，她从西京招待所翻越窗户，在美孚石油公司经理肯姆顿·菲奇（Kempton Fitch）的帮助下，30日凌晨驾车冲过西安北城门的哨兵，摆渡过了渭河，上午到达云阳镇。海伦写道："我几乎花了10天时间，才到达红星闪耀的地方。"

　　与她秘密联络的陈翰伯和王福时，也先期到达云阳镇等候她。那里的联络人"王先生"打电话给彭德怀司令部，告诉海伦·斯诺抵达的消息。彭德怀派了一辆道奇牌小汽车去接海伦。汽车司机对海伦说："我原来是张少帅部下的一名司机，是跟车过来的。西安事变后，

1937年5月，身穿红军装的海伦·斯诺与康克清在一起

许多东北人参加了红军。"

　　到了前线政治部，一位年轻女子接待了海伦，"她名叫李伯钊，可爱、漂亮、文静，笑容满脸，双手搂住我，邀我同她住在一起！"海伦在她的回忆录里写道："一名穿军装的小男孩咧着嘴，腼腆地笑着，端来一盆我非常需要的热水。"埃德加·斯诺给她讲过关于"红小鬼"的故事。红小鬼们大部分是 8 岁至 15 岁的儿童，在部队里做勤务员和通讯员。

　　接着，海伦被带到一个古老的大厅里，同前线宣传部部长陆定一见面。他可以说是海伦·斯诺未曾谋面的"熟人"了，"戴着深度近视眼镜，是一位温和的、典型的知识分子"。陆定一负责新闻工作，前一年曾带领埃德加·斯诺到处参观，现在又用流利的英语，欢迎海伦·斯诺到红区访问。陆定一说，斯诺离别红区时，留下了照相机，让他把红军的传奇将领们都拍摄下来。陆定一解释道，他还在学习使用这架照相机，目前令他满意的照片只有一张。"我放大了好几张，送给我的朋友们。"他一边说，一边自豪地展示出一张梅花照片。后来，在红军的许多办公室，海伦确实看到了陆定一的这张梅花杰作。陆定一随身携带的，还有一张旧照片，是从杂志上剪下来的。海伦问："这是你的孩子吗？"陆定一解释说："不是，但很像我的孩子！我不知道我的孩子现在怎么样？ 9 年前，我的妻子在福建被杀害了。"

　　当天下午，海伦在前线司令部见到了红军副总司令彭德怀将军，同他进行了第一次交谈。晚饭后，彭德怀接受了海伦的采访。海伦对彭德怀的第一印象是："作风粗犷，办事有板有眼，一点儿也不讲究客套。"在红军中，他被认为是生活上极端拘谨、最能严于律己的指挥官之一。奥利弗·克伦威尔（Oliver Cromwell）曾坚决反对在道德上的一丝一毫的松弛和不严谨现象，对女人非常反感。然而，他还比不上彭德怀的清教徒气质。彭德怀告诉海伦，第二天在云阳镇有一个群众大会，欢迎她去看一看。

　　当天晚上，海伦和李伯钊睡在一个热炕上，盖着军毯，同热情的女主人李伯钊谈了很久。李伯钊26岁，已经是红军里最受欢迎的剧作家。她是红军工农剧社的社长，同前线政治部主任结了婚。她给海伦讲了长征的故事，讲她三过草地，通过了可怕的黑泥沼泽。"宣传部设法用舞蹈、歌唱和口号来加强大家的意志，使他们保持高昂的士气。"李伯钊说，晚上，他们沿河岸点起篝火，演出各种文艺节目，景象十分壮观。他们每天晚上都清点部队，检查当天有多少人牺牲了。参加长征的妇女有300多人，还有200多名小孩子。毛泽东部队里的30名随军妇女，长征途中一个也没牺牲。那些曾经体弱多病的人，体质反而增强了。然而，李伯钊像红军里的许多人一样，患有肺结核，每天早晨都咳血。

　　5月1日上午，海伦在李伯钊和"红小鬼"的带领下，到了"庆五一群众大会"的会场，她又一次见到彭德怀。他的周围挤满了"红小鬼"，并同海伦谈了孩子们的事情。彭德怀说："全军有1000名'红小鬼'，他们在部队里做护理员、报务员、卫生员，干些轻活，都是最穷的孩子。他们中有学徒、小学生、青工、孤儿以及没有饭吃的孩子。他们的年龄在14岁至16岁之间。"海伦发现，

1937年，云阳，"五一劳动节"群众大会会场，广大群众和红军官兵听彭德怀讲话

李伯钊连夜给海伦·斯诺缝制的红军制服裤

彭德怀同这些崇拜他的"红小鬼"在一起时，判若两人，一点儿也没那么"厉害"了。

放眼望去，会场上人山人海。人们在红军战士的带领下，又唱歌又高呼口号。海伦看到的大部分标语口号是："为八小时工作制而斗争""打倒托洛斯基派""收复失地"。这是海伦·斯诺第一次亲眼见到的红军。她拿着照相机，在会场跑来跑去，拍摄一个个动人的场景。海伦的举动，吸引了众人的目光。许多人似乎感到惊奇，有的面带疑惑不解的神色，但一张张淳朴、善良的脸庞没有任何敌意的表情。海伦一边拍摄，一边向人们招手、微笑。会场里歌声和口号声此起彼伏，再加上老百姓喊喊喳喳的说话声，什么话也听不清。彭德怀开始讲话了，会场上才安静了下来。

海伦说，她在云阳镇最初结识的这三位，都非常吸引人，都受过良好的教育。她认为，他们同她是一类人。她无法想象，他们怎样从那艰苦的环境中活了过来，却仍然那么温柔，那么文静。海伦说，就从那一刻起，她对那陌生的环境，并不感到恐惧，也不感到束手无策了。

5月1日晚上，李伯钊告诉海伦，到延安去，一定要穿上红军的军装，戴上红军的军帽，再把她的墨镜戴上，这样旅行中就不易被人怀疑。红军中的女性按规定都得穿制服。李伯钊请来一位裁缝，只用了两个钟头，就为海伦做了一件灰蓝色的红军装上衣和一顶红星军帽。同时，李伯钊亲自动手，为海伦缝制了一条军裤。

海伦对我说："李伯钊的建议太对了！多亏那套红军装。在延安的一些路口，都有'红小鬼'放哨，检查过路人有没有路条。我无论去哪儿，都没人阻拦我，'红军装'简直就是我的'通行证'！"我问海伦，在延安几个月里，是不是一直穿着红军装、戴着红星军帽？那套红军装是不是还在？

红军装和红星帽，成为海伦的"通行证"

"当然一直穿着呢，到处走很方便。"海伦没直接回答我的问题，却滔滔不绝地讲起她在延安的经历。她穿着这套红军装，与毛主席先后进行了五次正式谈话。她去抗大听毛主席的演讲；去延安鲁迅图书馆看书、借书；去剧院和毛主席、朱总司令一起看演出。有一次在剧院，"啦啦队"欢迎她唱一支歌。她感到很尴尬，她从来没在大庭广众场合唱过歌。她站起来鞠躬致意，却不愿意上舞台。观众又热烈鼓掌，要求她讲话。朱德意识到她真的胆怯，便宣布说："斯诺夫人嗓子痛，她说，她在这么多人面前，没唱过歌，也没讲过话。"海伦还告诉我，到延安后，穿红军装、戴红星军帽，她很快就习惯了。凡群众性活动，她都去参加，她甚至参加了延安公审土匪的大会。她到处跑，大家都把她当自己人对待，都很友好。

海伦曾经对我说："我在延安期间，很少穿这条军裤，依然穿着我那条宽松的蓝裤。事实上，我更喜欢宽松的长裤。"1986年夏天的一个周末，我再次访问她的时候，海伦就把李伯钊为她缝制的那条红军裤，主动地交给了我。那一阶段，我向海伦索要的东西确实有些多，当时实在不好意思再追问她"红军装的上衣和五星军帽"呢？因此，如今陈列在西安八路军办事处纪念馆《伟大的女性——海伦·斯诺在中国》专题展厅里，就只有李伯钊为海伦亲自缝制的那条军裤了。

　　我一直在想：海伦是一位非常仔细的人，凡是从中国带回去的物品、文件，她都妥善地保存着，甚至连斯诺 1936 年 11 月在北平因感冒买药的处方，她还保存着呢！她的红军装上衣及红星军帽，肯定不会丢。那么，她为什么没一起交给我呢？她为什么主动地只把军裤交给我？回想起来，只能有一种解释：军装和红星军帽，是她的心爱之物，她对穿了 4 个多月的军服军帽，有着深厚的感情，她舍不得呀！但是，如果她一件也不交给我，似乎又过意不去。于是，她就主动地把军裤交给了我。或许，在海伦看来，李伯钊亲手缝制的红军裤，可能更有意义。

延期，是坏还是好

1936年9月，海伦·斯诺本想紧随丈夫埃德加·斯诺，去西北与他会合，一起采访红军，结果失败了。但在西安滞留期间，她却得到一个采访张学良的机会。几天后，她发表在伦敦《先驱日报》"宁可要红军，不要日本人，中国将军要团结"的独家报道，震惊了全世界，提前70天预报了西安事变的发生。

1937年4月，她冒着生命危险，再次来到西安，冲破重重阻力，子夜翻窗逃出西京招待所，千方百计到达延安，实现了她访问红区的梦想。她为何这么急着要去延安呢？她的朋友在北平悄悄地告诉她，中共中央5月份将在延安召开全国代表会议，她可以见到共产党的许多领导人和红军将领。海伦兴奋极了，她绝不想失去这个千载难逢的机会！

海伦的延安之行，有两个具体任务：第一，为埃德加·斯诺撰写的《红星照耀中国》一书，采访缺少的重要材料，拍摄一些急需的照片。外界称红军的领导人是"朱毛"，斯诺前一年在西北采访时，朱德还在长征的路上，他只采访了"朱毛"的一半。没有朱德的材料，《红星照耀中国》就不完整。第二，她自己也想采访朱、毛和一些红军将领，还想见一见那些长征过来的红军女战士和"红小鬼"。她原来打算在延安只待一个月，一则是斯诺急需这些素材，二则是她自己刚办起来的《民主》杂志，需要她在现场运作。

到了6月，海伦的两项任务基本完成了。此时，她接到丈夫从北平的来信。斯诺告诉海伦，他正安排几位来华旅行的美国人访问延安，希望海伦同他们一起返回。当然，斯诺最关心的，是海伦随身携带的采访笔记、所拍摄的那些胶卷，必须做到"万无一失"。6月22日，欧文·拉铁摩尔（Owen Lattimore）、T. A. 比森（Bisson）和菲利普·杰菲（Philip Jaffe）及其夫人，由埃菲·希尔（Effie Hill）驾车抵达延安。4月份的时候，埃菲曾精心安排，与肯姆顿·菲奇一起，帮助海伦逃出了西安城。当时，埃菲的健康状况不佳，现在已完全恢复了。他们一行5人，在延安只待三两天，就得离开。

可是，与斯诺的计划相反，海伦却不能同他们一起返回。他们来的时候，通过了西安的关卡，理由是去渭南游览一座名山。如果他们突然带着

1937年6月22日，海伦陪同来访的美国客人会见毛泽东。自左至右：拉铁摩尔、杰菲、毛泽东、杰菲夫人、比森、海伦

海伦·斯诺回去，在西安一定会遇到大麻烦。海伦不久前逃离西安的故事，在当地传得满城风雨。再者，条件也不允许，埃菲的那辆小汽车，已经拥挤不堪了。海伦所担心的，是她那些珍贵的采访笔记和胶卷。如果她带着这些宝贝回北平，途经西安时很可能被警察全部没收。因此，海伦决定不给他们出难题了，只能委托他们给埃德加带回部分采访材料和胶卷。

他们一行离开延安后，海伦托人不断打听，计划搭乘去西安的军用卡车离开延安。可是，等了一周又一周，一辆车也来不了延安，因为延安和西安之间的道路和桥梁，被连续几天的倾盆大雨冲坏了。直到秋季到来之前，一直没修好。于是，海伦流落延安，一直被困到了9月。

不过，坏事也变成了好事。她要看、要做的事情还是不少，要交谈、要采访的人还有许多许多。她同各行各业的人见面，采访他们，同他们进行过长时间的交谈。海伦曾经对我说："我在延安采访的人，起码不少于65名。"海伦还说："除了基督教友张文彬之外，没有一个人企图左右我，也没有任何人干涉我的行动。"在整整4个半月的时间里，也没人主动帮助她，海伦完全依靠她自己。中国人以为其他外国人在帮助她，但是，别的外国人只是关心他们自己的事情，根本顾不上关注她和她的问题。

为了安全起见，艾格尼丝·史沫特莱和海伦·斯诺都得穿军装。无论什么时候，只要离开她们那个小院子到外面去，就要穿军装。海伦一直喜欢穿长裤，这是真正的解放。当时在华的外国女性，除旅行外，几乎从来不穿长裤。她们旅行时，通常穿的是骑马裤。

由于时间充裕了，海伦除了采访、拍照外，特别注意观察当地人的风俗习惯和生活细节。她注意到，延安是一个百分百穿长裤的城市。对新到来的青年学生来说，这却成了一件大事。学生们不论男女，总是穿着长袍。在中国，长袍是学生和贵族的标志，而工人阶级、农民和普通老百姓，不分男女，都穿着又宽又大的长裤。共产党的男男女女，仍穿着这种服装——其裤腿比中国历史上任何时期都要窄得多。

　　海伦在她的笔记中写道，在共产党人之中，她很难区分谁是男、谁是女，只是妇女的头发稍长一些。延安本地人总是瞠目结舌地站在一旁，看着他们几个陌生的怪人。当地妇女全是小脚，有些女孩子仍然裹足。当地农民常常留着辫子，麻鞋上装饰着绒球。在延安，海伦不是那种最理想的游客，尽管她愿意适应周围的一切，几乎从各个方面都是愿意的。然而，她不能放弃搽口红，她尽量想搽得淡一些，不至于过分引人注目。不搽口红，她就感到恶心，而且会越来越厉害。她说，"延安不兴打扮。搽口红的中国女性，只有吴光薇一个人。"吴光薇从北平刚到延安，是一个才貌双全的女演员，为艾格尼丝·史沫特莱做翻译。史沫特莱从不化妆——她还是早期女权运动时的生活方式。

　　海伦的延安之行，为她后来出版的《走进红色中国》（*Inside Red China*，即《续西行漫记》）和另外三本书收集了丰富的资料，成为她一生最珍贵的财富。如今，珍藏在斯坦福大学胡佛研究所、杨伯翰大学"海伦·斯诺文献资料馆"最重要的部分，就是她在延安滞留4个多月期间的采访材料和数以千计的照片。根据她的采访笔记和著作中提到的人名统计，海伦采访过的人至少有72位，还不包括4个外国人。

海伦1937年5—9月在延安采访过的红军领袖、将士和普通民众名单

毛泽东	朱　德	周恩来	博　古	洛　甫	刘少奇	董必武	彭德怀
阿　清	陈慧清	陈伯钧	成仿吾	陈　赓	程子华	姬鹏飞	傅连暲
何长工	贺　龙	贺大清	胡林贵	甘泗淇	康克清	金　山	郭慎华
关向应	曹兴存	李富春	李文涛	廖承志	林伯渠	林　彪	刘少奇
刘女士	刘群先	刘　炽	同桂荣	刘力贞	罗炳辉	聂鹤亭	聂荣臻
边彰武	邓　发	邓明远	丁　玲	蔡　畅	董必武	曹品三	柴树藩
驼志修	王　震	王文江	吴光薇	吴仪祥	温　涛	杨尚昆	叶剑英
吴亮平	俞启威	刘　鼎	周阳清	周　明	朱　光	张文彬	赵　声
余建亭	钟富昌	萧　克	谢觉哉	徐海东	徐向前	徐特立	徐梦秋

4 个外国人是：江明（朝鲜人）、李德（Otto Braun，德国人）、马海德（美国人）和史沫特莱（美国人）。

除了 1940 年出版的《走进红色中国》外，海伦自上世纪 60 年代相继出版的《红尘》《阿里郎之歌》《现代中国妇女》，以及撰写的《中国共产党人》《中国工运》《延安采访录》《延安印象及回忆》等手稿，都是她滞留延安期间的成果，成为半个多世纪以来西方学者研究中国的资料源泉。

延安之行使海伦·斯诺筋疲力尽，罹患三种痢疾，体重不到 90 斤

在延安的外国人

　　李德是一个清高自傲的人，很少同海伦·斯诺交谈。在很长一段时间里，他只是敷衍地跟海伦打打招呼。海伦对李德的第一印象是："高高的个子，蓝眼睛，白皮肤，走路时拖着脚。"这种走路的步法，使海伦认为他当过骑兵。他们初次见面的时候，李德以极其蔑视的神态，看了看海伦，说："我是最反对社交的。"除了知道他当过德军军官之外，海伦对李德一无所知，甚至连他的真实姓名也不知道。她只是听延安人说，他是第三国际派驻中国的代表。

　　最初，海伦去山坡下的窑洞，那儿有一个鲁迅图书馆。她查阅图书时，发现李德借走了《撒马尔罕的黎明》、巴布塞的《斯大林》、韦菲尔的《穆萨达的四十天》、黑尔的《太平叛乱》、雅可托夫的《论中国的苏维埃》。于是，对他产生了好奇心，急于想知道李德的政治观点是什么。当海伦提出，想同他聊聊那些图书的时候，李德答应了，态度才有所好转。他有礼貌地同海伦进行了第一次面谈，还为海伦放了几张古典唱片。李德知道，海伦是西安事变的吹哨人，就给海伦讲起西安事变及托派的真实情况、述说有关西安事变的谬误。讲这番话的时候，李德才改变了他起初对海伦冷淡的态度。他告诉海伦，他患了痢疾，已经有很长时间了，体质差，情绪也不好。

　　海伦在她的采访笔记中写道："李德的英语讲得很不错，似乎才华横溢，经验丰富。"6月6日，海伦约他再次见面，李德终于开口了。他摆开架势，给海伦谈"革命的经济基础"。他说："列宁关于帝国主义的理论，改变了机械论者认为先有经济发展，然后才有革命的全部观点。"克伦威尔在工业革命之前，就完成了政治革命。关于诸如此类的观点，他建议海伦·斯诺读读斯大林写的《列宁主义》。"如果有人不同意上述观点，他就是孟什维克，或者是托洛茨基分子。"

李德认为，斯大林的主要贡献是：反对托洛茨基派，支持社会主义能够在一国胜利的理论；解决了少数民族问题；使集体农庄制度卓有成效，而并不是像布哈林分子所希望的那样，把集体农庄制度变成分散的小

1938 年在延安时的李德

农经济。列宁提出了社会主义能够在一个国家胜利的理论，斯大林则组织了生产，是这一理论的倡导者和实践者。

谈到他自己的经历时，李德告诉海伦："我出生于德国慕尼黑，我的名字是奥托·布劳恩（Otto Braun）。第一次世界大战期间，参加了德国共产党。1926 年被德国政府逮捕监禁，1928 年越狱逃往苏联，进入一家军事学院学习。1932 年春毕业后，进入共产国际东方部工作。我与中国共产党人王明比较熟，被苏联红军总参谋部，派到中国东北收集日军的情报。1933 年 9 月，任中华苏维埃共和国中央军事委员会军事顾问。"

海伦接着问，"您现在的主要工作是什么？很忙吗？"李德稍停了一下说，"一言难尽啊！"原来在江西的时候，他有权指挥红军作战，他和王明反对游击战，坚持他们的战略战术，使红军第五次反"围剿"遭到失败。红军长征开始时，他还是军事最高领导三人团成员之一。1935 年 1 月，在遵义会议上撤销了他指挥红军的权力。之后，随红军长征到达陕北。

在江西苏维埃时的李德

"撤了您的军事指挥权，您是怎么想的啊？"海伦问。

李德摊开双手说："那有什么办法呢！我也意识到我的战略战术可能是错了，但从理论上讲，我认为我是对的呀，也得到王明、博古的大力支持！但第五次反'围剿'的惨败，给红军造成的重大损失，那也是不争的事实。"

海伦又问："长征时间那么长、那么艰苦，您就乐意跟着红军走下去？"

"那时没有退路，不走不行啊。我是支持北上的，不同意南下，并反对张国焘分裂红军的行动。"

海伦离开延安时，接受了李德的正式告别。他交给海伦一面薄薄的黑镜子，是德国造的。1933 年，他把这面镜子带到苏区，又带着它进行了长征，是一件象征好运的宝物。他还给了海伦一把匕首，它的主人是国民党的一位高级军官，在南方束手就擒，这把匕首是战利品。"这两件东西是我仅有的财宝。"李德动情地说，声音有点儿颤抖，"我希望你理解我在这儿的处境是多么的困难，我想要你收下这两件东西作为纪念。"

这一出乎预料的敏感表示，使海伦深受感动。"我当然理解。"海伦说，并告诉他，他帮助了她，使她"成为一名真正的基督圣徒"。海伦感到李德已经略有所悟，知道他自己以及通过他为其工作的第三国际在中国已遭到失败。"他要把火炬传交给美国"。几十年来，海伦一直珍藏着李德的礼物。1972 年 11 月，她首次访问新中国时，把那把匕首送给了周恩来，现存于中国国家博物馆。

1937 年的夏天，最让海伦感动、难忘的外国人，是一位不声不响的朝鲜人，他名叫金山，又名江明。海伦多次采访了金山，他悲惨的童年，艰难的经历，美好的理想和温馨的罗曼蒂克故事，令海伦激动不已。后来，她撰写并出版了颇有影响的名著《阿里郎之歌》。

《阿里郎之歌》是朝鲜的一首优美而古老的民歌，朝鲜人借助它凄楚哀婉的旋律，倾诉自己民族的苦难和哀怨。他们在各种不同的场合，按照它的旋律编唱出内容不同的歌词，倾诉衷肠。据说，《阿里郎之歌》的歌词有百余首。海伦·斯诺通过对一位朝鲜共产党人的长时间采访，以《阿里郎之歌》为书名，为朝鲜人民长时期遭受的苦难和进行的英勇不屈的斗争，描绘了一幅生动的画卷。这本书在韩国、日本、朝鲜的影响更大，现被韩国拍摄成电影，并获得大奖。

2005 年 10 月，海伦的侄女谢莉尔·福斯特应韩国政府邀请，赴首尔访问，出席韩国"文化节"，海伦·斯诺的《阿里郎之歌》荣获韩国文化部的最高奖——"韩国文化奖"。

2005 年，作者和马海德夫人苏菲的合影

《阿里郎之歌》封面

一双麻凉鞋

在西安八路军办事处纪念馆 4 号院，有一个创办于 1987 年 7 月的专题展览《伟大的女性——海伦·斯诺在中国》，这是一个图片实物展览。展出的文物中，海伦·斯诺穿过的一双麻凉鞋，常常吸引着访客的目光。那么，海伦为什么穿凉鞋？这双麻凉鞋是谁给海伦编织的呢？

1937 年 4 月至 9 月，旅居延安的美国记者有两位，一位是艾格尼丝·史沫特莱，待了将近 6 个月，吴光薇是她的专职翻译；一位是海伦·斯诺，待了将近 5 个月，先后由王福时、余建亭担任翻译。像所有共产党的高级领导人一样，这两位美国女记者，各自都有一名警卫员。

海伦的警卫员名叫邓明远，四川人，18 岁。但看起来没那么大，红润的脸颊，白皙的皮肤，几乎还没他背的那支毛瑟枪高。可是他参加红军已有 4 年时间，在长征中表现很勇敢，自己扛枪、背行李。邓明远懂得革命工作，很诚实，是个好小伙。他念过三年书，在延安外交大院的 6 名警卫员之中，算是个"知识分子"，有点儿受宠。邓明远聪明、懂事，海伦很喜欢他。但海伦和他开始相处，却遇到不小的困难。

海伦用标准的北京话，同邓明远交谈，但他却羞羞答答，要译员告诉海伦，他听不懂英语！海伦告诉邓明远，她北平的勤务员，一个英文单词也不懂，但没碰到过语言不通的问题。尽管由翻译给他做了解释，但邓明远还是认为海伦给他一直讲的是英语，而不是中国话。语言成了红军的一大难题，因为士兵们来自全国各地，操着许多不同的方言。有些方言对异省士兵来说，压根儿就听不懂。

中国领土广阔，没有便利的交通，又没有电台广播，虽然同是中国人，语言沟通却是一个普遍的问题。海伦说，"为了解决这一问题，上海妇女俱乐部曾不得不决定：把英语作为全体成员共同使用的语言"。在红军士兵之间，经常性的、费心默猜的结果，明显地提高了红军士兵们的语言沟通能力。虽然他们各自继续操着各自的方言，可时间一长，相互都能听懂对方的话了。海伦说："我正式采访时，仍需要译员翻译。但是，经过一个夏季的练习，我的中国话大有提高，人们日常会话，我都能听懂。"

海伦·斯诺和她的警卫员邓明远在一起

邓明远是海伦的警卫员，也是通讯员和勤务员。他长得很甜，像个姑娘，就是背的那杆毛瑟枪显得太大。开始接触海伦时，他还有点不习惯。有一次，海伦从外面回来，进了窑洞，邓明远马上拿来她的外衣，交给海伦时还羞红了脸。因为窑洞里很凉，海伦穿上了外衣，就感到暖和一些。

邓明远的班长名叫曹兴存，"面貌酷似那个生机勃勃的滑膛枪手"，海伦说，"我私下给他起了个绰号'波瑟斯'。"有一次，海伦到延河对面去采访，一阵倾盆大雨，使延河大有涨水之势。船夫拒绝摆渡把海伦送回对岸。河水涨得很快，看样子，似乎要把她困在那儿，一个星期也回不去了。邓明远看着滔滔河水，只能干着急，一点办法也没有。正在这时，一位指挥员紧紧抓住马尾巴，刚从河对岸蹚水过来。警卫班长"波瑟斯"不顾戒令，以军急为由，从那位指挥员手里夺过他的那匹白马。他像年轻的

警卫员邓明远送给海伦·斯诺编织的麻凉鞋

大力士那样，把海伦猛力扶上鞍座，扬鞭催马，强迫那匹紧张不安的牲畜返回对岸。海伦全身湿透了，不过，安全地到了对岸。自那以后，"波瑟斯"便成了海伦心目中的英雄。

邓明远万万没想到，他们警卫班的班长竟然这么厉害，帮了海伦的大忙，也帮他走出困境。他想，自己是海伦的警卫员，也应该露一手，为海伦做点令她惊讶的事情。

延安的7月、8月，天气非常炎热，许多人热得出脚汗。可是，海伦却一直穿着她那双又厚又重的大鞋。邓明远想："给她编织一双麻凉鞋吧！我在四川老家就学会打草鞋了！"这是个好主意，海伦一定会喜欢的。

于是，邓明远仔细地打量了海伦鞋的大小，还悄悄地在地面上画下了海伦的脚印。他找来了麻线，有白色的，也有橘黄色的，抽空就悄悄地编织起来。他把编织好的麻凉鞋交给海伦时说："这是我编织的，送给你。你可以像我们一样，穿上它，会很凉快的！"

1986年夏季，海伦在麦迪逊拿出这双麻凉鞋给我看，她说："我当时接过麻凉鞋，惊喜极了。真没想到邓明远这么手巧，编织得这么精致，简直就是艺术品！"我问海伦："那年夏天，您是不是一直穿着这双麻凉鞋？"海伦说："我只穿过几次，在我住的那个院子里走了走，舍不得穿啊！你看，这不是还那么干净、鲜亮嘛！我珍藏了几十年，你可以把它带回去。"

那年夏天，邓明远患上了扁桃腺炎和支气管炎，本来就比较瘦小的他，变得有点儿弱不禁风，但还坚持给海伦做饭。马海德认为，他也患上了肺结核，身体消瘦，气色也不好。在延安期间，海伦同结核杆菌接触得不少，她也有可能被染上。不过，她更担心邓明远的健康。直到9月7日离开延安时，后方总留守处的萧劲光，才决定给海伦调换一个警卫员，让邓明远去养病、休息。

毛泽东的介绍信

1937年8月的第一个星期，北平、天津被日军占领。8月13日，日军大举进攻上海。8月16日，美国的外交使团命令美国的妇女和儿童从中国撤退。铁路遭到轰炸，港口全部封闭。此类重大事件，延安都有消息，但至于如何旅行之类的具体事宜，便不得而知了。

滞留在延安的海伦·斯诺，此时又身患疾病，真感到束手无策。她首先想到的，就是尽快离开延安，赶到西安，再了解如何返回北平的确切信息。可是，阴雨依然不断，天无晴日。海伦的另一个抉择，就是随军去山西前线，做战地记者。海伦心里明白，这是一件大事，必须找延安的大领导商量。

1937年5月，海伦·斯诺为红军四位大领导拍摄的合影

找哪位领导呢？他们都很忙碌。找毛泽东吧，形势那么紧张，他会更加忙碌。但海伦认为，毛泽东对她更为了解，允许她上前线的可能性会更大。只要征得他的同意，问题就解决了。于是，海伦找毛泽东商量。毛泽东听了她

的计划，只是抽烟，半天没说话。

　　"我们第一次见面，您不是还夸奖我勇敢吗？"海伦说。毛泽东只是微笑了一下，继续抽烟，想起她几个月前逃出西安城的冒险经历。

　　海伦见毛泽东不说话，紧接着说："我观察、报道过 1932 年的上海战争，我有《纽约太阳报》的第 206 号记者证，贴着我的照片，上面轧着钢印，还有一张'在紧急状况中进出租界'的通行证。我还有第 2663 号宵禁时刻的通行证。这几件东西能证明我当过战地记者。"海伦拿着这几个证件，一边说，一边展示给毛泽东看。毛泽东看着海伦，开心地笑了，但还是没说话。海伦有些着急了，又

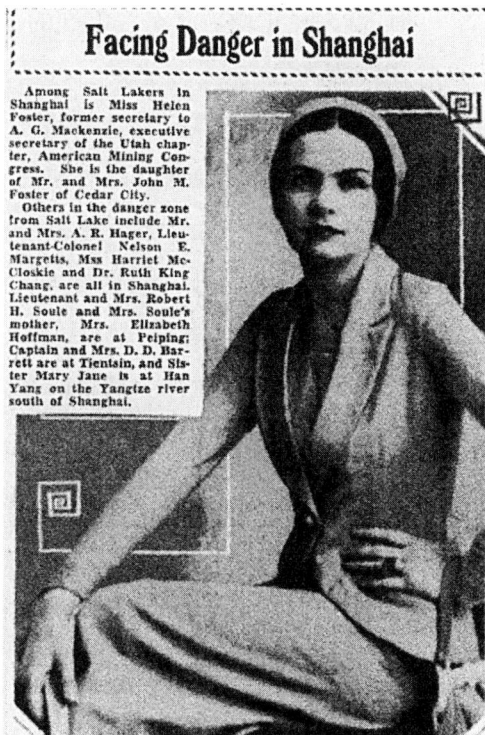

Facing Danger in Shanghai

Among Salt Lakers in Shanghai is Miss Helen Foster, former secretary to A. G. Mackenzie, executive secretary of the Utah chapter, American Mining Congress. She is the daughter of Mr. and Mrs. John M. Foster of Cedar City. Others in the danger zone from Salt Lake include Mr. and Mrs. A. R. Hager, Lieutenant-Colonel Nelson E. Margetts, Miss Harriet McCloskie and Dr. Ruth King Chang, are all in Shanghai. Lieutenant and Mrs. Robert H. Soule and Mrs. Soule's mother, Mrs. Elizabeth Hoffman, are at Peiping; Captain and Mrs. D. D. Barrett are at Tientsin, and Sister Mary Jane is at Han Yang on the Yangtze river south of Shanghai.

海伦给毛泽东看的当年的剪报

拿出了一张剪报，对毛泽东诚恳地说："我冒着枪林弹雨，采访上海抗战的事，美国报纸当年都报道了！请您看看。"

　　然而，毛泽东还是以疑虑的眼神端详着她。海伦明白他的意思，立刻解释说，"到达延安时，我的体重不到 100 斤，看上去苍老了 10 多岁。"毛泽东终于笑了，心想，看样子她非要上前线不可了。他放下烟头说："好吧，我给你写封介绍信，你带给前线的邓小平好了。"当他提笔写信时，甩了一下遮住眼睛的一缕乌发。"你们一行人的安排，将由萧劲光负责。"毛泽东接着说，"我们欢迎斯诺先生再次来访，什么时候来都行。"

　　原来，要去西安的不仅是她和史沫特莱，还有康克清、刘群先、萧克的妻子和孩子等一行人，再加上武装警卫人员、担架队、马匹、马夫，共

有 30 人。正像毛泽东告诉她的那样，随行人员及马匹，都是由后方总留守处的萧劲光精心挑选的。可是，由于阴雨连绵，交通中断，这支队伍直到 9 月 7 日才正式上路。一路上步行、骑马，日行 30 多公里，9 月 18 日才到达西安。走到耀县的时候，他们在一家车马店铺过夜。海伦的体温急速上升，感觉天旋地转，她以为自己得了鼠疫或斑疹伤寒，以为就要死去了。然而幸运得很，马海德大夫随部队到了那儿，这才消除了她的疑虑。原来是香烟惹的祸——她从一位马夫那儿借了几支香烟，显然掺进了鸦片。这是日本人干的，其目的是想在华北广开销路，或许还想减弱中国人的抵抗力。

到了三原，他们听说刘伯承的部队，要从他们云阳的司令部夜行军，赶到山西前线去。海伦不想错过与这位名将见面的机会，她还有毛泽东为她写的这封信，要给邓小平送去。因此，她和刘群先坐上租来的黄包车，要在破晓前赶到云阳。为了安全起见，她们只带了两名警卫员。4 小时后，她们到达了司令部所在地，而那儿却舆论哗然，因为她们冒冒失失地穿过了土匪出没的、危险的无人区，博古的妻子会成为敲诈勒索的好对象，更不用说埃德加·斯诺的妻子了。非常遗憾的是，她们只差几个小时，没能见到刘伯承和邓小平。八路军的最后一个纵队，在他们到达的那天夜里离开了。

她们在云阳过了一夜。翌日一早，由一支武装卫队送回三原。一辆由另一支武装卫队护送的卡车把她们从三原送到西安。一张特别通行证，使海伦通过了 5 个月前违法通过的一

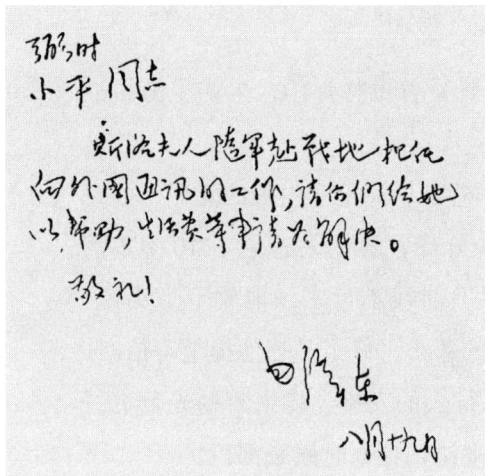

1937 年 8 月 19 日，毛泽东为海伦·斯诺去前线写给任弼时、邓小平的介绍信

道道大门。

海伦 1972 年、1978 年两次重访中国，都没机会见到邓小平。1979 年，邓小平成为华盛顿的座上宾，在庆祝中美关系正常化的正式招待会上，海伦终于把毛泽东 42 年前写的这封信，亲手交给了邓小平，并对邓小平说："您可真难找啊！"

42 年后，海伦终于把毛泽东的介绍信交给了邓小平

2 月 6 日，《纽约时报》发表了该报记者安·克里特德（Ann Crittenden）的长篇报道《海伦·斯诺与中国：新一轮的关系》。当天，在长岛一座海滨别墅里，一位年轻的美国妇女一边用早餐，一边看报纸。她对中国很有兴趣，因为她不久前同她的丈夫去过中国。更令她兴奋的是，海伦·斯诺竟然就住在她们社区！她拿起电话号簿，找到了海伦的号码，立即就打给她。从 1979 年 2 月 6 日那一天起，她就成为海伦的朋友、助手和义务秘书。她，就是雪伦·估莲（Sharon Crain），中文名字：雪莲。

海伦的警卫员

　　毛泽东告诉海伦·斯诺，萧劲光是后方总留守处的负责人，他会安排一队人马，护送她和其他几个人前往西安。海伦对萧劲光的印象是：体格高大，两颊红润，身强力壮，他眼睛一斜，就"歼灭了"两名可怜巴巴、身体虚弱的小警卫员。他对海伦说："我要找一名最好的警卫员照顾你，还要搞一匹矮种马，作为你的坐骑，两头骡子驮运行李。你可以同第一小分队一起走。"

　　外界同延安的通讯联系不是很多，但埃德加·斯诺还是千方百计，于9月6日从天津给海伦发来一份电报："仍可经青岛返回，然情况紧急，须立即启程，否则年内难返。"说来也巧，她的电报刚到，天气突然放晴。一直等待天气好转的护卫队，决定9月7日启程。

　　正如萧劲光答应的那样，保安局派来最好的警卫员，接替了邓明远的工作。新派来的警卫员名叫郭慎华，他不但是一位从江西参加长征的英雄，而且还是排长，具有一种天生的权威和指挥能力。23岁的郭慎华，履行起萧劲光参谋长的允诺，要了一支崭新的毛瑟枪，严格地检查了那匹坐骑和两头驮骡，以保证全部装备都是一流的。

　　9月7日黎明，海伦病得很厉害，几乎从床上爬不起来。可是，她必须进行这次旅行。这是自6月以来的头一次机会，也许也是最后一次机会。大部分桥梁依然无影无踪，他们只好涉水过河。海伦的坐骑，或许觉察到她的身体不佳，在第一次过河途中，把她摔了下来，引着一头骡子，径直向它延安厩棚的方向跑去……

当郭慎华牵回这两头牲口，等来了两名马夫的时候，同行的其他旅伴，已把他们远远地抛在后面。大约有 7 名红军士兵，不得不顺原路返回，保卫这个掉队的小组。对郭慎华来说，这是一件极其没面子的事情，但海伦发现，这件事并没有影响他那正统的、富有男子气魄的自我主义。

除了武装卫士和马夫外，这支旅行队由 30 人组成，至少有 3 位是红军领导的夫人。萧克的妻子抱着她的孩子上路；朱德的妻子康克清决心要到前方去，尽管那儿是妇女的禁地。旅行队里有好几位军官，准备到前方去，也尽力想在部队开赴战场之前赶上八路军。

一路上，海伦教郭慎华学习北平官话，用几十个基本单词——主要是马克思主义的名词，进行了长时间的交谈。

郭慎华从来不唱歌，可是他的好几位朋友很快加入到海伦的小组，大家渐渐地热乎起来了。他们翻山越岭时，所有的人，甚至连郁郁寡欢的郭慎华，也采起路旁的风铃草、飞燕草、雏菊和其他野花，装饰海伦的马鞍，高兴得唱起歌来。南方籍的士兵触景生情，思念家乡，认为再也看不到故乡那一片片翠绿的土地了。

一路上，他们通常在农舍、马厩或小学校舍过夜，警卫员

从延安到西安，一路精心护卫海伦·斯诺的长征英雄郭慎华

1937年，警卫员郭慎华与海伦·斯诺在洛川一个农户家用餐后留影

郭慎华负责照管着第一分队。当海伦告诉他，艾格尼丝腰部受过伤、也有病，他也就特别关照着史沫特莱。从心理上讲，郭慎华接替了史沫特莱的保护人的工作。史沫特莱后来写道："我对他的敬佩之情与日俱增……每当我对其他人失去耐心的时候，就想起了郭慎华。"半个世纪后的1986年，海伦对我说："除了毛泽东，除了我们共同的警卫员之外，我从来没听说过有谁能指挥得动史沫特莱。"

他们一行人踩着烂泥，步履艰难地步行或骑马赶路。每天拂晓，他们空着肚子出发，11时左右停下来在村庄里吃第一顿饭。傍晚歇在另一个小村庄时，再吃第二顿（也是最后一顿）。郭慎华只吃小米饭，可是，他却为海伦做了"蛋糊"，每天晚上煮南瓜。有时候，他能够向村民买到烧烤的包谷和一些硬梨。

从延安返回西安，他们走了12天，行程400公里。这是一次令他们筋疲力尽的旅行，然而又是一次非同凡响的经历。这次旅行的成功，不能不说与郭慎华有着很大的关系。

一到西安，就遇上了日本飞机的"空袭"。虚惊一场之后，海伦在西京招待所登记了她曾经住过的那个房间，让郭慎华看了她4月30日翻越过的那扇窗户。"这是美国的帝国主义。"海伦一边自豪地宣称，一边给郭慎华看漂亮的现代化抽水马桶。郭慎华仔细地端详着那些陌生的自来水龙头。"我们发明了这些东西，创造了这些奇迹。我们每天都洗澡。"听到这里，郭慎华看上去满脸疑云，不大相信。12 天以来，他们没有一个人享受过解衣入睡的福气，尽管他们也刷牙，有时也用热毛巾擦擦脸。华北水贵，所谓洗澡，只不过是用海绵擦擦身子而已。部队用同一个脸盆，又洗手、洗脸，又烧菜、盛饭。

　　为了继续给郭慎华介绍现代文明的奇迹，海伦带他（还有紧紧盯着海伦的三名间谍）去看电影。这是郭慎华生平第一次去电影院，他如痴如醉，惊讶得说不出话来。这部关于绥远战争的新闻纪录片，是埃德加·斯诺在上海时的老朋友王先生（外号叫"王新闻"）拍摄的。1932 年，王先生也为海伦拍过纪录片。

　　当获知通往青岛的铁路仍然运行时，海伦便放弃了当战地记者的计划，紧紧抓住这一"撤退"的希望。由于铁路常遭敌机轰炸，她需要向陕西省主席申请一张特别通行证，搭乘军用列车，八路军办事处为海伦安排了这件事。在她 30 岁生日的那天（1937 年 9 月 21 日），西京招待所经理周天

1937 年 9 月 21 日，郭慎华在西安火车站送别海伦·斯诺

成先生和警卫员郭慎华，送海伦到西安火车站。4月间曾跟随她的两名老
"警卫"，还有3名没见过面的新手，也一起跟着"送行"——因为他们必
须向上级报告：海伦·斯诺的确上了这一列火车走了，才算完成了他们的
任务。

在西安火车站，警卫员郭慎华与海伦告别的情景，的确感人至深。我
36年前翻译这段话的时候，被感动得泪流满面，泪水打湿了稿纸。时至
今日，每每读到这段话，还是激动不已。海伦·斯诺在她的回忆录中是这
样描写的：

> 郭慎华站在列车踏板下面，默默不语，低着头向下看，使劲儿抑制着
> 自己的感情。他扭过头，回避了间谍们的目光，不想让他们看到一串串泪
> 珠从他那张诚实的、晒得黝黑的脸上滚下。他满脸泪痕，就好像离别自己
> 的家人至亲一般。这是基层的中美友谊，我绝不会作出任何有损于这种特
> 殊关系的任何事情——这种关系是用几根十分纤弱的丝线织成的，是在一
> 个刀光剑影危及着国际间的了解和人类天性的世界里所织成的。
> 11时整，这次特快列车汽笛长鸣，徐徐驶出了站台……

"死里逃生"

　　1937年9月21日上午11时，海伦·斯诺从西安火车站乘坐军列离开。7小时后，夜幕降临，她乘坐的军列停车潼关——一个被游客称为全国最邪恶的城市。那儿是蒋介石军事及战略司令部所在地，虎视眈眈地注视着整个西北。自古以来，潼关就是一座高墙环绕的城堡。海伦早就知道，在那儿，中国人被搜查，并经常失踪。她当年4月在西安时，当局就发布过一道命令：如果斯诺夫人到了潼关，企图绕圈子去苏区，就立即拘留她！

　　正当海伦回顾这些往事的时候，犹如最可怕的噩梦突然变为现实一般——4名武装宪兵和一些警察，一起闯进她的包厢，抓住她的行李，硬拖着她下车。海伦被吓坏了，她从来没有这么恐惧过！

　　"为什么？为什么呀？"海伦可怜巴巴地问道。

　　他们不知道为什么，或者不想告诉她。他们只是说，他们接到西安一个长途电话。海伦心想，敢于对她动手或掠走她的行李，全然不是中国人的态度。所以，她感到双倍的恐惧。陕西省主席给她签发的特别通行证，他们甚至连看也不愿意看一眼。潼关，是法西斯盖世太保的治安防卫司令部。海伦在外衣下面，紧扎着她那条装有采访笔记和胶卷的"救生带"。难道他们要强迫她提供有关红军的情报吗？难道她就这样糊里糊涂地在潼关失踪、要其他人因此而受到责备吗？

　　一名武装护卫带她乘上黄包车，穿过乌黑、凄凉的街道，在弯弯曲曲的迷宫里走了半小时。潼关似乎处于一级戒严，海伦4次被拦住去路，检查她的护照。

最后，他们到达的地方，不是某个秘密盖世太保的前哨基地，而是中国旅行社的招待所。经理接通了西安的电话，把听筒交给了海伦。响在她耳边的声音虽然有些杂乱，啊——可是那样地令她惊喜！是埃德："我和吉姆来西安找你。我们只差4个小时没赶上。你乘下一列火车返回这儿。几个星期来，我没听到你的任何消息。你一切都好吗？"

海伦紧按住她的心脏，不让它跳出喉咙，再使它回到原来的位置，这样她才能说话："简直把我吓呆了！好，我这就乘下一列火车返回。"因祸得福，这是她所能得到的最好的生日礼物。当她穿过漆黑的曲径返回火车站，准备搭乘开往西安的首列客车的时候，她的武装卫士们再也没有凶神恶煞的样子了。

凌晨2点钟，海伦乘坐的火车抵达西安。埃德加和詹姆斯·贝特兰（James Bertram），还有一名警察，正等着把她接回他们下榻的西京招待所。

在西京招待所，周天成经理挂着最美好的微笑，一直等待着海伦的到来。"我把你安排到你的老房间——这是我现在最得意的房间了。"周先

1937年，位于西安市中正路（现解放路）上的西京招待所

生一边说，一边示意着那个戏剧性的场面。他还给三位客人端上了青岛啤酒，倒进玻璃杯。

"为西安干杯"，海伦提议说，"为周先生干杯。他把我介绍给肯姆普顿·菲奇，把我介绍给埃菲·希尔。没有他，我永远到不了延安。还要为西京招待所干杯。在这儿，我们三个人曾

斯诺、贝特兰、周经理在海伦翻越的窗户前留影

经制定过许多的计划。"海伦激动地告诉周先生，她将来要写一本关于周先生和西京招待所的喜剧。

翌日，贝特兰去火车站为斯诺夫妇送行，这让特种警察也糊里糊涂地松了一口气，因为他们根据国民政府的旨意，依然跟踪着斯诺夫妇的每一个行动。有关两个斯诺从西安两次乘火车旅行的惊险的喜剧性结局，埃德加·斯诺在他的第四本著作《为亚洲而战》一书中是这样写的：

在一个一夫多妻制的国家里，考虑一个妻子的命运，或许是一件不足挂齿的小事，然而，尼姆是我唯一的妻子。……抵达西安的时机，出于我偶然的选择，也许会给人一种有意精心安排的印象。到了徐州站，我们换乘另一列火车去青岛。……徐州遭到了严重的袭击；85架日本飞机轰炸了陇海及津浦铁路线上的许多城市。距城不远，我看见一列被炸毁的火车，询问了事件的经过，许多旅客遇难了。如果我不把尼姆从潼

1978年，海伦·斯诺向电视摄影组讲述她翻窗逃往延安的经历

关拦了回来，她就在这列火车上。

到了青岛，斯诺夫妇去海滨饭店住了数日，休息、吃饭、游泳，他们是这家饭店仅有的客人。由于过度的紧张和疲劳，海伦的嗓子沙哑了。斯诺报道了北平的战争，紧张地完成了《红星照耀中国》的写作之后，也需要休假。他们坐马拉车，在吉米酒吧吃冰激凌，欣赏着这座美丽的城市——可是，他们不知道日本人何时要打到这儿来呢？

一个"了不起"的错误

——《红星照耀中国》书名的来历

埃德加·斯诺的经典著作《红星照耀中国》（*Red Star Over China*）原来的书名并非这样，而是《中国的红星》（*Red Star of China*）。这是怎么回事呢？1985 年秋季的一天，我与斯诺的前妻海伦·斯诺夫人在大西洋海滨聊天时，她告诉我关于这本书名的一段趣闻。

1936 年 10 月下旬，埃德加·斯诺带着他的 14 个笔记本、采访资料、胶卷和照片，从陕北回到北平，在盔甲厂胡同 13 号他们的住宅，经过 8 个月的埋头写作，完成了西行采访的初稿。1937 年夏末，埃德加·斯诺把这部书稿的定稿，寄往英国戈兰茨出版公司。海伦告诉我，书稿清样打出来后，竟然是厚厚的一摞。邮寄前，埃德加在上面另加了一张纸，用自来水笔写了书名 *Red Star of China*（《中国的红星》）。由于是手写连笔，把 of 一词中的 f，没写出头，看上去像是 ov，戈兰茨公司的编辑就当成 over 了。

1985 年，作者与海伦·斯诺在大西洋海滨聊天

欧美国家不同时期出版的不同版本的《红星照耀中国》

审校人发现这个问题时，已经排版印刷了。事后，戈兰茨公司向作者埃德加·斯诺道歉。斯诺却高兴地回答说："你们出了一个'了不起'的错误。Over China 比 of China 更形象、更生动！我向你们感谢还来不及呢！"

海伦说，他们当年多次拿这件事取笑。没想到，编辑的一时疏忽，自作主张的改写，竟然成就了这部经典书名的"亮度"！《红星照耀中国》，当然比《中国的红星》有亮度、有深度，也呼应了埃德加·斯诺的预言——"中国的未来属于中国共产党人"。

一条毛毯的来历

    暑假刚刚开始，西安八路军办事处纪念馆就迎来了大批观众，每天都有成群结队的访客前来参观。当他们来到 4 号院《伟大的女性——海伦·斯诺在中国》专题展览时，几乎每一个团队、每一个观众，都驻足久留，被一张张照片、一件件实物所吸引，被海伦·斯诺在中国的经历所感动。

    自 1965 年起，我就是昔日"红色桥梁"——"八办"纪念馆的常客。1998 年以来，每年的 9 月 21 日，我都来这里，与天南海北的游人，分享海伦的故事，以这种方式，怀念这位改变了我一生的忘年之交。有一次，我在这里遇到 10 多名外国留学生。他们来自巴基斯坦、印度、蒙古、马来西亚、哈萨克斯坦，个个都很热情友好，学习欲望强烈，我就愉快地充当了他们的讲解员，给他们介绍海伦·斯诺对中国革命、对世界和平的贡献，以及她终生不变的中国情结。由于我用英语讲解，也吸引了不少中国学生尾随聆听。

    在一支自来水笔、一台英文打字机、一双麻鞋、一台旧式收音机前，我向这些年轻人讲述它们的来历，讲述每一件实物与毛泽东、红军战士和中国革命的关系。在一条红色毛毯前，我讲述了它的历史渊源，以及这条珍贵的毛毯如何出现在纪念馆的展柜里。对这些故事，这批年轻人似乎很感兴趣。

    关于这条毛毯的故事，还得从中国人民抗日斗争的年代说起。1937年 4 月，海伦·斯诺克服重重困难，冲破国民党的新闻封锁，从 5 月 2 日到 9 月 7 日，在延安采访了 4 个多月后，途经西安，去青岛略加休息，转回到了上海。由于日本帝国主义的狂轰滥炸，上海大街上到处是难民和伤兵。为了组织难民生产自救，支援抗日前线，海伦提出建立工业合作社的创意，并先后得到丈夫埃德加·斯诺、梁士纯教授、路易·艾黎和龚普生的同意和支持。为使国民政府内各派系都能接受"工合"计划，她进行了艰苦细致的协调和沟通工作。工合运动开始后，最大的问题是缺乏资金。为了获得国际社会的广泛支持，1939—1940 年旅菲期间，海伦·斯诺在中国、菲律宾和美国的报刊上，发表了近百篇文章和报道，宣播"工合"理念，组建"工合"社团，为中国"工合"运动的发展，筹集急需的资金。同时，她以中国"工合"运动为蓝本，撰写了唯独仅有的专著《中国为民主奠基》——中国工业合作社的故事。

海伦·斯诺在这本书的第一章第一段这样写道："1938 年 8 月，中国发生了一件具有重大意义的小事件：中国工业合作社的第一个组织，在遥远的西北一个偏僻的小镇宝鸡建立起来了。7 个没有文化的难民铁匠，同意组织一个铸工合作社。……9 个月后，中国就有了 1200 个合作协会。到了 1940 年，5 个主要的工合总部，指导着除江苏（上海区）以外的 18 个省的生产活动，甚至在西康、宁夏、新疆、察哈尔，都有了工合事务所。"

1938 年 8 月，"西北工合"（中国工业合作协会西北区办事处）在宝鸡率先成立，英国爱丁堡大学毕业生、合作经济专家卢广绵担任"西北工合"主任。到了 10 月初，工业合作社的产品已经开始在宝鸡市场上销售，另外有 20 多个合作社正在筹备当中。除宝鸡外，西安、凤翔、天水、南郑和兰州等地也开始合作社的筹建工作。"工合"运动在各地生机勃勃地开展起来了。

为了向"工合"的创始人报喜，并向她表示真挚的谢意，卢广绵主任把宝鸡"工合"生产的第一条毛毯，赠送给了海伦·斯诺；同时，路易·艾

宝鸡"工合"生产的第一条毛毯

No.1"工合"纪念章

Lu Kuang-mien was head of the Northwest Headquarters in Lanchow and Paochi in the northwest of China, which was the first one.organized. He sent me the first two blankets made there, and I still have both of them with the triangle on them--a red wool one and a green cotton one; he also sent me some ceramics made by Indusco, not returned to me by the committee in New York, and a few other things. Rewi Alley gave me the No. 1 badge of the gung ho work which I still have--and Ed had the No. 7 badge.

We formed the gung ho Indusco committee in Shanghai in late spring of 1938, and Hubert S. Liagg was usually the moderator--he went abroad to get foreign support for the work. My book, China Builds for Democracy, was published in India by Nehru, who started the industrial cooperatives there, where they now have over 50,000 flourishing; my book was the first textbook. Gandhi read it but did not agree with it, when Nehru tried to influence him.

海伦·斯诺在她的一部文稿里，讲述了这条毛毯和这枚"工合"纪念章的来历

黎把编号为 No.1 的"工合"纪念章赠给了海伦。后来，卢广绵还送给海伦一条为部队生产的绿色棉毯作为纪念，这条绿色棉毯，现保存在美国杨伯翰大学图书馆的"海伦·斯诺文献总汇"中。

　　这些珍贵的纪念品，海伦·斯诺从上海带到菲律宾，从菲律宾带回上海，又从上海带回旧金山、洛杉矶、纽约，最后带到康州麦迪逊，她随身珍藏了半个世纪之久。这是她终生为之奋斗的证明，也是她生命的一部分。

　　我 1985 年赴美国讲学一年的计划，海伦·斯诺最初是不赞成的。她对我说："你应该待在中国，翻译、出版我的著作！来美国有什么意义呢？"翻译出版她的著作，使她重新回到中国读者之中，这确实很重要。但是，我认为最重要的是要掌握大量的第一手资料，包括第一手活材料。

这样，我才能深入研究，撰写出有分量的论文，让事实说话，传播海伦的历史功绩。通过与海伦一起工作、交谈，我又有了新的认识：翻译出版、搞研究写论文是一个方面，利用 1987 年这个时间节点（海伦具有历史意义的延安之行 50 周年及海伦 80 华诞），在西安举办一个"海伦·斯诺在中国"图片实物展览，以吸引数以千计的访客参观，不是更好、更有效的宣传吗？

　　1986 年 6 月，我向海伦提出一个请求：为了办好未来的展览，我希望把宝鸡"工合"生产的第一条毛毯带回中国。海伦竟然答应了！我把她小心翼翼拿出的红色毛毯接过来，装进我的手提箱。我也向海伦谈了谈我未来的计划和回国之后立即要办的三件事：第一，1986 年 12 月上旬，举办一次"西安事变与国际友人"报告会；第二，公布斯诺采访鲁迅的问题单及采访纪要；第三，筹办"海伦·斯诺在中国"展览。我告诉海伦，陕西的 1987 年，一定会成为一个"海伦·斯诺年"！海伦高兴得合不上嘴，陪着我说着、笑着走出她的小屋，要送我到大路边。走到门外的平台上，海

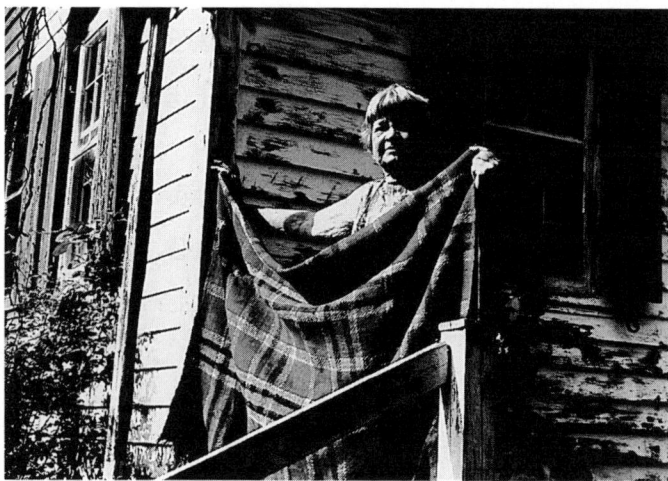

海伦·斯诺恋恋不舍地拿起毛毯，在中国创建"工合"的往事，似乎又涌上她的心头

伦突然说："安危，你把毛毯拿出来。"我的心突然"砰、砰"地直跳，一边打开箱子，一边寻思着："海伦是不是改变了主意，不想让我把毛毯带走？"

　　海伦拿起毛毯，对我说："安危，给我和毛毯拍个照片吧。你取相机，让我把毯子展开。"我立即抬起

头来，兴奋地对海伦说："没问题！我来了。"

对这条毛毯，她为何那么珍惜、这样恋恋不舍呢？海伦写道："我一生大部分时间，致力于'工合'运动，1938年，在中国发起和支持'工合'，1942年，向尼赫鲁总理提供了一本'工合'手册，使他在印度发起了'工合'运动。后来，我不仅为中国，而且为所有新兴国家'工合'运动的发展，一直不惜牺牲'自己的工作'，因而毁掉了自己的写作。但是我坚信，工业合作却是一切新兴国家通向工业化，通向未来的桥梁。"

看起来，"努力干，一起干"的工合理念，与"自己动手，丰衣足食"及"合作共赢"的精神是一脉相通的。

谁把"工合"写进英文词典

　　1933 年初，斯诺夫妇抵达北平后，搭上黄包车，直去北平饭店。那儿顾客不多，他们在那些空空荡荡、回声"嗡嗡"的房间中，挑选了一套宫殿式的新婚套房。饭店和紫禁城位于同一条宽阔的大街上，两者相距只几步路之遥。

　　这里是外国人的社交中心，有仿凡尔赛镜厅而建的舞厅。楼下是著名的北平书店，主人亨利·维希（Henri Vetch）是搞出版的，收藏珍本书籍，也收购、出售当地住户的藏书。在那里，他们能遇到对中国真正感兴趣的人。正对大门的楼梯上面，是海伦·伯顿（Helen Burton）小姐经营的驼铃商店。顾客能以低廉的价格买到各种漂亮的东方艺术品，从珠宝首饰到裘毛衣物都能买到。海伦从美国带来了 4 件漂亮的晚礼服，派上用场的机会却很少。然而，那也阻挡不住她购买的欲望。

　　从 1933 年起，斯诺夫妇就住在北平，直到 1937 年日本占领北平时离开，那是作为外国人乐园的最后岁月。这种情形真有点儿像古代的罗马，左右它的是孀居的主人和知识贵族阶级。辛亥革命推翻了清政府的统治以后，皇城变成了大学生与先生学者的天下。自 1900 年义和团企图杀尽在华洋人以后，使馆区已成为一块设防坚固的飞地，然而其他外国人却以微不足道的费用，租住了清代的宫殿，过得像皇亲贵戚一般。

　　海伦·伯顿是北平有名的大老板。下榻北平饭店的各界名流，她都热情款待。她总是雇用一大批服务人员，组织朋友们去西山寺庙度周末。正是在这些周末活动中，海伦·斯诺结识了埃文斯·卡尔逊（Evans Carlson）夫妇。卡尔逊当时任公使馆警卫队副官，斯诺夫妇很喜欢在公使馆的游泳池游泳，有时还在那儿过夜。1933 年，卡尔逊实际上是第二次到中国，他 1927 年就来过中国，在上海为美国海军陆战队做军事情报工作。

7 月 4 日，国庆节在公使馆集会，海伦的印象是："卡尔逊是人们能够见到的最英俊的官员之一。他还有一种善于与人交往的独特才能。他刚强勇敢，任劳任怨，拘谨，然而也洋溢着美国人的魅力，更不用说心地善良

埃德加·斯诺和他们夫妇俩的好朋友埃文斯·卡尔逊在一起

的品德了。"他父亲是康涅狄格州公理会教长，卡尔逊信仰这个教派的一切教义，然而他渴望更多的道义。他是一位如饥似渴追求真理的朝圣者。

卡尔逊被斯诺夫妇迅速交换意见与争论问题的方式，弄得神魂颠倒，如醉入迷，在那种迅如雷电的紧张气氛中流连忘返。他是一位实干家，无须那种"打气加油"的办法——可是他在理智上极其渴望找到崭新的思想，帮助他应付当时的混乱局势。

"我永远需要像埃德加·斯诺那样的婚姻。"他几年后这样说。他感到自己浪费了生命，他需要有人督促他思考、研究，推动他向前。"绝不要放弃批评埃德，要推动埃德"，他对海伦·斯诺说，"这样做才是成全他。"

埃文斯·卡尔逊有一个十全十美的妻子，伊特尔（Etelle）漂亮迷人，对他忠贞不贰，甚至在他去世以后仍然如此。她曾经是女童子军的组织者，很有能力。她宽宏大量，乐于由丈夫"我行我素"，按他自己的想法办事，并对他的一切成就感到非常得意。然而卡尔逊却说，伊特尔不同他进行思想交流，也没有新想法。她是真诚爱情的典型，但那不是卡尔逊所

需要的。他需要一个会讲话的百科全书，以弥补他所缺乏的正规教育；他需要进行讨论，研究刚刚萌发的一切新的想法。

卡尔逊是天生的指挥者。当他还是个孩子的时候，甚至就拒绝接受他母亲的吩咐。伊特尔深爱卡尔逊，对他是"毕恭毕敬"，也有点儿惧怕他，卡尔逊不喜欢任何怯懦的表现。因此，她不得不事事充当"堂堂正正的好汉"，甚至在登山旅行中，也企图紧紧跟上卡尔逊那两条美国佬长腿。她已经怀孕，但在一次徒步旅行中硬要充好汉，肚子痛得要命，还不敢对埃文斯吭声，结果流产了。

海伦和斯诺都喜欢卡尔逊和伊特尔。有一天，他们在西山的树林里漫步，可是由于海伦在谈话中反对罗斯福和美国新政，大家整个周末都感到闷气。卡尔逊义正词严地抨击美国劳工联合会说："如果一个人不喜欢自己的工作，他为什么不离开那儿到别处去！免得闹这么多事，应当做好汉。"

海伦轻易不发脾气，可是她突然向卡尔逊发起火来："不要以为你能像击倒尼加拉瓜人那样把美国人击倒。不参加工会或不参加罢工的工人，同中国的工人一模一样。罢工是美国最好的事情——劳动阶级的人民拒绝接受非人的待遇，要去争取自己的权利。当你仅因为人们诚实、肯干、要求文明的劳动条件而拒绝公平对待他们的时候，我不明白你如何能做一条好汉？也不要称你是基督教徒！满脑子尽是这样的糟糕思想。"

几年后，卡尔逊告诉海伦，在此以前，从来没有一个人这样对他讲过话。"你第一次真正把我唤醒了。我永远忘不了。试想一想那张娃娃脸，脑袋里还装着那么些思想！我决定回国，看看像你这样刚刚出国的年轻姑娘讲的那样的事情，到底是怎么一回事。"

1937年春，卡尔逊第三次被派到中国时，日本侵略军正在进攻上海，卡尔逊开始考察中国战场的情况，他历时8个月，行程4000公里，足迹遍及延安和北方所有抗日根据地。他会见了国共两党领导人和几十名高级将领，经历了许多场战斗，了解了正面战场和敌后战场。他从游击战争的发展，看到了日本必败、中国必胜的前景；从中国共产党、八路军的身上看到了中国的希望。这次考察后，卡尔逊又读了《红星照耀中国》，这成为他一生的转折点。他钦佩埃德加·斯诺，尤其佩服

1940 年，"工合"骨干小组最后一次在菲律宾相会。自左至右：吉姆·贝特兰、埃德加·斯诺、海伦·斯诺、路易·艾黎、埃文斯·卡尔逊

他作为一个作家所取得的成功。卡尔逊把忠实地宣传中国抗战，特别是中共及八路军抗战的真相，作为头等大事向外传播；在遭到上司反对后，他不惜辞掉军职和放弃晋升的机会，义无反顾地继续从事支援中国抗战的活动。斯诺夫妇倡导发起的"工合"运动，他举双手赞同，竭力相助，非常赞赏"一起干，努力干"的"工合"理念，成为"工合"运动坚定的支持者和实践者。

埃德加·斯诺对卡尔逊思想认识上的变化，也给予高度评价："1938年，除史迪威将军外，认识到日本战线后方游击队惊人发展的重要意义的，埃文斯·卡尔逊是我所知道的唯一的美国军官。"

1940 年，卡尔逊在美国出版了《中国的双星》（*Twin Stars of China*）一书，真实地记录了他在中国各游击区考察到的中国共产党领导八路军与日军作战的情况，他为该书所定的副标题是："一个曾和中国人民一起生活和活动的美国海军陆战队军官目睹的中国人民为生存而英勇斗争的内

幕"。抗日战争时期，在国统区，人们对中国共产党、八路军和新四军还不甚了解，海外人士尤感生疏，他的著作在全世界，特别是抗日战争时期的国统区，引起了巨大震动，产生了重大的历史影响。

卡尔逊回国后，担任富兰克林·罗斯福总统的卫队长，成为这位总统不折不扣的赞美者。同时，他在美国民众中竭力宣传八路军的英勇善战和禁止对日贸易。1941 年 12 月，太平洋战争爆发后，他以中校军衔出任美国海军陆战队第二突击营指挥官，运用八路军的战略战术思想和训练方法，训练他指挥的"卡尔逊突击队"，并把他钟爱的"工合"（Gung Ho）作为他们的战斗口号。在马金岛和瓜岛两次战役中，海军陆战队运用八

好莱坞 1943 年在全美放映电影《工合!》的海报

路军的游击战，高呼"冲啊！Gung Ho！"打得日军狼狈逃窜。在太平洋战争中，卡尔逊突击队为美军屡建战功，赢得了极高的声誉。

紧接着，好莱坞拍摄了一部反映卡尔逊突击队的电影，片名就叫《工合!》。好莱坞硬汉伦道夫·斯科特（Randolph Scott）饰演海军陆战队指挥官。该片于 1943 年 12 月首映，因其现实主义风格赢得好评，风靡全美。随着这部振奋人心的影片的放映，"工合"一词，便成为美国人的口头禅。凡要表达"团结一致""同心协力""精神饱满""加油干"的时候，美国人就会说：Gung Ho！自 20 世纪 50 年代起，Gung Ho 一词，就被写进了英文词典。我 1985—1986 年在美

国访学期间，专门观看了这部电影，并托朋友复制了录像带和光盘，现保存在西安"八办"纪念馆资料室。

1947 年，卡尔逊在美国逝世，享年 51 岁。临终前，卡尔逊收到毛泽东、周恩来、朱德、彭德怀代表中国人民联名发去的一封感谢信，感谢他为中国民主而进行的不屈不挠的努力。虽然未能亲眼看到中国人民解放战争的最后胜利，但卡尔逊坚持真理和正义，最早理解、同情和支持中国人民革命事业的可贵情怀和精神，永远铭记在中国人民的心里。

海伦的打字机

　　海伦·斯诺为什么说"小农舍、打字机"是她的"两个最好的朋友"呢？原因很简单：她有了一个简单的住所，有一台打字机，就可以实现她童年的梦想。从 1941 年到 1997 年，她一直住在那个小农舍，整整 56 年。

　　她整天与打字机为伴，她的思想和手指与那台打字机的亲密接触，至少也有 158000 小时，撰写了 64 本著作、无数的信件和资料，怎能对它没有感情呢！实际上，海伦有两台打字机，一台是 IBM 电动打字机，是她使用最多的打字机。另一台是轻便式的手动打字机，只是外出旅游时使用。这么比喻吧，IBM 电动打字机，相当于如今的台式电脑，而轻便式的手动打字机，就相当于如今的笔记本电脑。电动打字机的好处有两个：一是可以夹进三张复写纸，打一次可以出四份文稿；二是省劲，指头轻轻按一下字母键，就会均匀地打出字来。

1986 年，海伦·斯诺和她的 IBM 电动打字机在一起

　　从 1941 年回国到 1951 年，海伦把主要的精力花费在"工合"事业上，她两次拜访罗斯福总统夫人和其

他名人，成立"美国支援中国工业合作社委员会"。为了传播"工合"理念，她接受美国各大报纸的采访，先后发表了近百篇文章。她联合名人群体，上书罗斯福总统，呼吁为中国"工合"拨款 5000 万美元；鼓动各方人士，为中国"工合"捐款。数以千计的信件和文章，都是在这台 IBM 打字机上打出来的。公开发表的那些文章，见诸于美国、英国、菲律宾、印度的报刊和中国的英文报纸；各类文件、书信或者副本，现今珍藏在斯坦福大学胡佛研究所、杨伯翰大学图书馆和犹他州立大学合作经济研究所。

1949 年海伦离婚后，没有再婚，她写道："我把最好的年月，都用去'做好事'了，把自己的写作一推再推，成了一个'写长信的人'。我要静下心来写作，实现我童年的梦想"——撰写一部"伟大的著作"。

但是，在实现她的梦想之前，海伦首先要把在中国的所有原始文稿——一本本采访笔记、数以百计的信件、数以千计的照片及底片，等等，全部收拾整理起来，以便长期保存。她认为这些资料是无价之宝，是中国革命历史的一部分，是她用青春的心血甚至生命换来的。就在这台 IBM 打字机上，她打印出了《左翼文学及艺术》《学生运动笔记》《西安事变笔记》《延安采访录》《工合运动资料》《中国工运资料》《妇女运动资料》《延安印象》等 20 多部笔记和资料，每一部都是厚厚的一大本，多则 500 多页，少则 200 多页。她还为 6000 多张照片，撰写了详尽的说明，大多数照片说明只有三四行字；但有些照片的说明文字则长达多半页。她还趁

1949 年，海伦说："新中国成立了，我也解放了，可以专心写作了。"

热打铁，接连撰写了《中国共产党人》《红尘》《在延安的朝鲜人》《延安印象》等十几部关于中国的手稿。这是一个庞大的工程，先后花费了她8年时间。

由于生活所迫，她有一段时间转向美国历史的研究，帮市民查家谱，为 Madison、Guilford 等附近 5 个小镇撰写地方志，撰写美国妇女运动史。到了 20 世纪 60 年代，她才开始了漫长的搜集资料、研究、构思、撰写她梦寐以求的那部"伟大的著作"。海伦经过多年的努力，终于完成了一部长篇历史小说《根与枝》(*The Root and Branch*)。这是一部关于奥利弗·克伦威尔（Oliver Cromwell）与英国大革命（1642—1653）的历史小说，书中的人物和情节，都是真人真事。书稿完成后，海伦自己却不是很满意，认为"没有当年想象的那么成功"。

海伦·斯诺一生撰写的著作和手稿共计 64 部，文献资料及信件无数，最后送到杨伯翰大学图书馆的资料就拉了两卡车，共计 300 个小纸箱，绝大部分都是在这台 IBM 电动打字机上敲出来的。

在旅居中国期间，她使用的是一台轻便式的手动打字机，外出旅行时，她就带着它。这个手提式打字机，只能夹一张复写纸，早就不用了。我对海伦说："您既然不再用它了，我可以把它带走吗？我准备办的展览，既要有照片，还需要实物啊。"海伦回答说："你不嫌麻烦，就带走吧。噢，你可以请 Michael Lestz 帮助你托运。"

海伦·斯诺的 ROYAL 牌便捷式手动打字机

这个打字机，现在就陈列在西安"八办"纪念馆《伟大的女性——海伦·斯诺在中国》专题展厅里。

同海伦相处的一年时间里，她也

不时地给我写信，回答我提出的问题。我发现回信中的个别单词，有时出现空格（缺一个字母）的现象。不过，还没影响到我对内容的理解。我曾向她提起过这个问题。海伦说："这个打字机用的时间太久了，有两个键不听我的指挥了。"我也曾提议，买一台电脑或电子打字机。但海伦不愿意在家里安装电子器具，她认为会产生"电子污染问题"，她是"有机生活的支持者和实践者"。我本来想把我的同事李文玺（Michael Lestz）教授送给我的一个电子打字机给海伦留下来，但她用旧式的 IBM 电动打字机习惯了，不习惯在一台新的打字机上写作。于是，我骑自行车到市区各商店询问，都说那种老式电动打字机早就不生产了，建议我到二手器具店或文具店里去看看。结果，我还真的碰到了一台，同海伦的电动打字机一模一样！我请店主人夹上四张纸试一试，结果还行，我就买下了。店主人还给我开了收据，并叮嘱有什么问题，就拿上那张收据去找他。

收据上写得很仔细、很明确：有我的住址、店主人所属公司及电话、IBM 打字机型号、售价 $150、税款 $11.25，共计 $161.25。第二天，雪莲驾车，我把新买的二手 IBM 打字机给海伦送去，并把收据留给海伦，告诉她若有问题，可以托雪莲找"日用器械公司"修理。我顺便在收据上写了几个字："送给海伦·斯诺的礼物。安危，1986 年 8 月 6 日。"

在美国 Trinity College 访学一年期间，我多次访问海伦，与她一起聊

1986 年 8 月 5 日，二手器具店开具的打字机付款收据

临别时，作者把仅有的 200 美元赠予海伦·斯诺

她在中国的经历，帮助她整理资料、翻译她需要的中文信件及文件名称。在这个过程中，我向海伦学到了不少书本上没有记载的知识，她对我的帮助和影响是巨大的，实际上，海伦改变了我人生道路的轨迹。在 8 月 20 日离开康州之前，我给海伦写了一封短信，寄去一张支票，略表我对她的感激之情。

常言道："滴水之恩，当涌泉相报"。但是，我这个来自中国的穷小子，可怜得也只有这么一小杯清水了。

海伦·斯诺的红毛衣

2019 年 11 月 19 日，在西安八路军办事处纪念馆建馆 60 周年之际，我受我老伴牛曼丽的委托，把海伦·斯诺 25 年前送给她的一件红毛衣，捐赠给西安"八办"纪念馆。说起这件红毛衣，还有一段感人的、不同寻常的故事。

20 世纪 30 年代在中国生活过的美国"中国通"，70 年代再次来到中国，并且撰写了有关新中国的著作的只有两个人：海伦·斯诺和埃德加·斯诺。1972 年 11 月 21 日至 1973 年 2 月 10 日，海伦·斯诺应中国人民对外友好协会邀请，以《续西行漫记》作者的身份首次访问新中国。

鉴于当时国内的政局和越南的形势，海伦估计中国最高领导人都非常忙碌，就没有要求见毛泽东主席，也没有要求见周恩来总理。当然，她也很想见见这两位老朋友，但考虑再三，她觉得主动要求见他们不合适，并

海伦·斯诺的红毛衣

王晓莉副馆长接受捐赠

且她也不愿意她的要求遭到拒绝。在海伦看来，要求见周总理也不太合适，因为她没有特殊的理由要求见周总理，何况他的夫人邓颖超特别关照她和她的旅行。邓颖超告诉她："你愿意去什么地方就去什么地方，愿意待多久就待多久。"海伦意识到，她肯定代表了周总理的意思。邓颖超还送给她两份特殊的礼物——一组瓷质熊猫和一件红色毛衣。海伦听陪同说，这件毛衣是当时"北京最高档的"服装，邓颖超再三叮嘱工作人员，"一定要买最好的，买红颜色的"。她从 1937 年就知道，海伦·斯诺一直喜欢红色。

1937 年 9 月，邓颖超在埃德加·斯诺的护送下，离开被日军严密控制的天津，途经西安前往延安。海伦·斯诺完成了她在延安历时 4 个多月的采访，也刚到西安，准备回北平。她们俩恰好在八路军驻西安办事处相遇，邓颖超向海伦细述斯诺先生如何护送她离开天津，要她向埃德加再次表示感谢。海伦滔滔不绝地向邓颖超谈她在延安的所见所闻，所思所想，似乎有着谈不完的话。于是，她们俩待在同一间屋子，整整交谈了一夜。

海伦很珍惜邓颖超送给她的这些礼品，在此后的 20 多年里，她常常穿上这件红毛衣，接待来访的中国客人。我好几次拜访她的时候，也见过她穿着这件红毛衣，有时也穿着陆璀送给她的那件中式红色上衣。1986 年 8 月，海伦把那一对瓷质熊猫送给了我，现在陈列在"八办"纪念馆《伟大的女性——海伦·斯诺在中国》专题展厅里。

1994—1995 年，牛曼丽教授应邀在斯诺故乡堪萨斯城访学一年，其间她专程去康州麦迪逊看望海伦·斯诺。在与海伦相处的一周时间里，曼丽帮助海伦整理她的资料，打理她的衣物，和海伦聊天。海伦非常喜欢曼丽，把这件红毛衣送给了曼丽，并向她讲了这件红毛衣的来历。海伦要曼丽穿上试一试，曼丽穿上后，海伦说："挺合身，你穿上真好看！"曼丽要脱下来，海伦说："不要脱，你在我这儿，就要一直穿着它。我看见你，看见这件红毛衣，就好像又回到了中国。"1995 年 9 月，曼丽把这件红毛

1995 年 5 月，海伦与曼丽亲切交谈

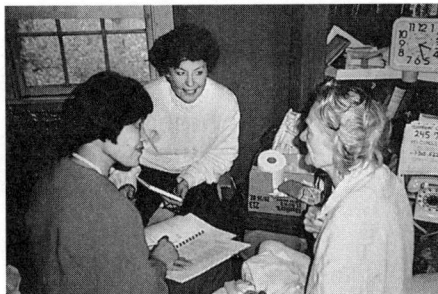

1995 年 5 月，海伦和雪莲、曼丽在一起

海伦对曼丽说："你穿上红毛衣很好看！"

海伦要曼丽穿上红毛衣为她整理资料

衣带回国，一直珍藏在她的旅行箱里。

在此之前，海伦从来没见到过曼丽，她只是听雪莲给她介绍过一些情况。看起来，海伦和曼丽为期一周的相处，给她留下了深刻的印象。海伦 1997 年 1 月 11 日辞世后，她的侄女谢莉尔·福斯特·毕绍福（Sheril Foster Bischoff）整理她的遗物时，发现了她生前写的最后一首诗《寄安危》，共 44 行，其中有几行是这样写的：

……

他们都充满魅力和情趣，

他在古城西安成年而立。

他与一位大学教师结为伉俪，

他妻子的姓名叫牛曼丽。

曼丽也让外国人欢喜，

她同样能做很好的翻译。

对于一个新兴的现代化民族，

他们堪称一对模范的伴侣。

……

海伦的小农舍

海伦·斯诺多次对我讲："我有两个最好的朋友，一个是这座小农舍，一个是打字机"。她在《零星杂文》里，也曾这样写过。

海伦的小农舍，位于康州麦迪逊镇蒙格塘路 148 号，是英国清教徒后裔、一个名叫鲁克·菲尔德（Luke Field）的人，于 1752 年建造的。农舍坐南朝北，面向马路，屋后是一个 3 英亩大的树林，还有一个小池塘，旁边是一个不小的草坪。这里环境清净，空气新鲜，很适宜写作。斯诺夫妇 1941 年返回美国后，临时小住纽约，因公事多次前往首都华盛顿。1941 年 4 月，斯诺夫妇用《红星照耀中国》的版税 4000 美元，购置下了这座老房子。

买下这座房子后，他们就开始整理内屋及屋后的花园。海伦把一个古老的玉米仓，搬到自家的地皮上。一天，她因"工合"的事去纽约一趟，回来后，发现埃德加又买了一个玉米仓。于是他们就把两个玉米仓并排摆在一起，改

海伦·斯诺的小农舍："鲁克·菲尔德之屋 1752 年"

造成一个独立的小房子，用作埃德加·斯诺的"写作间"。海伦说："埃德喜欢极了！"

海伦思想超前，但因家庭教育背景，仍以传统方式处事。尽管斯诺对海伦的文学才华崇拜有加，自称是"海伦的配角"，但1932年结婚以后，海伦就主动表示：她主内，包揽所有内务；埃德加旅行采访，挣钱养家。两人密切配合，成就了许多大事。到麦迪逊定居以后，埃德加早晨一起来，就去他的"写作间"，直到午后，才回小农舍用餐。埃德加进了写作间，从来没受到过任何干扰，专心致志地从事他的写作。海伦则负责接电话、对外联络、回复各种来信、料理家务和一日三餐，得空就为报刊写稿，一直为"工合"的事忙碌。

从1942年到1946年，埃德加作为联邦政府派出的驻外记者，采访报道欧洲战场。他回国休息期间，就在这个玉米仓改造成的写作间里，完成了《人民在我们一边》、《苏维埃政权的格局》及《斯大林需要和平》等三本著作。埃德加最后一次从欧洲回来以后，放下行李，不无感慨地说："这儿才是我写作的地方。"1947年，他向海伦正式提出"分居"，去了纽约，再也没有回来。

1949年5月离婚之后，海伦就独居在这所小农舍，直到1997年去世。海伦多次深情地写道："这座小农舍，是我最好的朋友。我住在这儿，几乎不花费多少钱，就能生活下去，做我要做的工作。"这座小农舍，其实也不

作者在两个玉米仓改造成的"写作间"前留影

小，东侧是一个大客厅，西侧是餐厅和卧室。在客厅西北角，有一个狭小的楼梯，通向上面的楼顶小屋，那是当作客房用的。

海伦把原来的小餐厅，改造成书房，再加上卧室，只用了这两个小房间，为的是节省暖气。原来的大客厅，变成了她的仓库；楼顶小屋，珍藏着她从中国带回的历史资料和照片。这座房子建在一个慢坡上，楼下还有一个不太大的半地下室。同她朝夕相处的是一只小猫，漂亮又乖巧，海伦为她取名玛丽莲·梦露。海伦每月靠150美元的社会保险金生活，连吃饭的钱都很紧张。为了增加一点儿收入，海伦曾一度把"玉米仓"租了出去，每月租金135美元，通常总是租给那些喜欢古色古香的年轻人。可是，这类租户总给她带来各种各样的麻烦。不过，这倒使海伦可以随时了解到他们谋求生存的许多问题。有一次，租户是一对满头金发、活泼可爱的新婚夫妇。他们出劳力，海伦出钱买材料，作出了合伙修房的安排。可是，70年代电费很贵，海伦每月要缴175美元的电费。海伦用老年人补助金，支付了一部分暖气费，再加上常常在超市买一些临期面包，所以刚够糊口。不过，所有的医疗费用，是由医药保险支付的。

对海伦来说，生活的艰辛只是问题的一面，而美国国内政治形势对她的压制，逼得她几乎无路可走。她找不到工作，不能外出旅行，著作不能出版。海伦对这种气氛的应对，就是扩大她的写作领域，有相当一段时间，她把研究兴趣投向美国的过去。由于她的家庭教育、社会实践和多才多艺的文化背景，海伦成为美国仅有的99名"注册家谱学家"之一。海伦不仅擅长于追溯老房子的年代，而且精通追踪家族血统遗传的进程，可以一直追踪到他们最早的美国祖根。那时刮起的"寻根热"，给她提供了为别人查家谱的机会。同时，海伦对康涅狄格州麦迪逊小镇及周围小城镇的历史，进行了具有独创性的研究，其成果体现在她出版的《麦迪逊历史笔记》一书中。海伦相信，这一与众不同的工作，揭示了"美国一个小镇从最初的栖所到现今的发展进程……"

设置在蒙格塘路边的海伦·斯诺信箱：148 SNOW

在美国，凡 150 年以上的建筑，就属于文物古迹了。海伦的小农舍，是麦迪逊现存的最古老的三座房屋之一。海伦酷爱历史，20 世纪 60 年代，她经过海量的调查研究，为麦迪逊和新英格兰地区的四五个小镇，撰写了"地方志"，并为每个镇写了一首歌词。当地政府在她房子的正面，设置了专门的标志"Luke Field House 1752"（1752 年的鲁克·菲尔德之屋），但海伦的住宅编号是 148 号。

在美国，所谓邻居，往往相隔几十米甚至几百米，不像中国，是隔壁或上下楼的概念。为方便邮递员投递报纸和信件，住户在各自房屋前面的马路边，设置一个信箱，写上自家的门牌号及姓氏。海伦的小农舍，位于蒙格塘路，编号 148，她的信箱上就有"148 SNOW"的标识。这个信箱，见证了海伦·斯诺与中国的频繁交往，见证了中美两国人民之间的特殊友谊。

难忘的郊游

　　1986 年上半年的周末，是我同海伦·斯诺密集会面、一起工作最频繁的一个时期。每天从上午 10：00 到下午 3：00，是我们工作的时间。海伦要我同她一起，把家里存放的著作、手稿、书信、文献等资料，分门别类地整理一下，放进一个个小纸盒里，用粗笔标上名称，便于她日后查找。

　　坐落在康州麦迪逊的斯诺住宅，是 1752 年建造的一个小农舍。埃德加和海伦·斯诺 1940 年 12 月返回美国后，于翌年 4 月买下了这座房子。在这里，斯诺夫妇度过了回国后光彩照人的 8 年，而海伦本人接着又度过她一生中最艰难的 23 年以及孤苦伶仃的晚年。房子本不算太大，但为节省能源，海伦把原来的小餐厅用作工作间，卧室大约 14 平方米，还摆进了两个旧沙发，兼作客厅。原来宽敞的客厅，大约有 40 平方米，堆满了破旧家具、大大小小的纸盒、纸箱、废旧报纸及杂七杂八的什物。

　　海伦很早给我讲过，为了防湿防丢失，她的重要资料，都储藏在楼顶小室里。但我从来还没有机会上去看看。沿着大客厅后面狭窄的小楼梯，我爬上了那个渴望已久的文史宝库。小室长、宽不到 3 米，顶棚呈三角形，中间最高处，我刚好能站起身；南北两侧最低处，只有一米高。南侧屋顶上，有一个天窗，透风透气，遮雨遮阳。小室堆满了一摞摞手稿、书籍、小纸盒，还有一些衣物。我搬了一把靠背椅子，请海伦坐下；她口授指导，我动手干活，等全部清理完毕，竟用了三个周末（6 天）时间。

　　在大部分周末，她回答我提出的问题，给我讲述她在中国的经历，她所结交的中国人、外国人以及他们的故事；我一边听，一边录音，不时地拍摄照片和幻灯片。休息时间，我去马路边的 148 信箱，帮她取回当日的报纸和邮件。有好几次，她领我到后院里观看花草、树木和积水不多的那个小池塘，参观她当年为埃德加·斯诺用两个玉米仓改建的"写作间"。只有两次，海伦建议我们 2：00 休息，她带我到麦迪逊郊外看一看。

　　海伦是有机生活的倡导者和实践者，她生活很简单，但却很注意锻炼身体。她说，她是麦迪逊"北极熊冲浪俱乐部"的老会员，要带我去海边看看她游泳的地方。雪莲把我们送到海边后，要去镇上购物，约定好下午 5：00 来海边接我们。

　　游泳的地方，是一个很宽敞的海滨，但游泳的人却很少。海伦问我会不会游泳。我说会一点儿，小时候在家乡小池塘里学会的，读高中时，也在渭河里游过几次，但从来没下过大海。她邀请我下海游一游，我说没带游泳裤，这次就不下水了，我主要想为她拍些游泳的照片。海伦说："那么，我就去更衣室，冲个澡，换泳装去了。"

　　我第一次听到游泳前还要冲澡，感到很惊讶！我在想，游泳，不是顺便也洗澡了么？为什么游泳前还要冲澡呢？这里是大海，是公共场所，又不是收费的"室内游泳馆"？我当时很不理解，但又不好意思向海伦提出

海伦说："近几年游泳的次数少多了。"

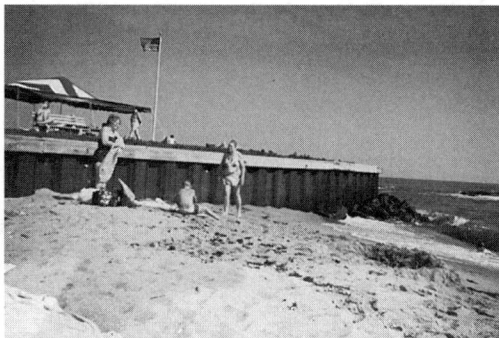

大西洋海滩很宽阔，游泳的人却很少

这个幼稚的问题。我当时想，这又是中美文化的差异吧。

我在海滩上转了一圈，只看见两个成年人和三个小孩，他们好像刚游完，在躺椅上休息，晒太阳，喝水、吃零食。我在沙滩上走来走去，却没有发现一丁点垃圾！我又惊讶地发现，在海滩上吃东西的成年人和小孩子，旁边都放着自备的垃圾袋，没有人在海滩上乱扔东西。

不一会儿，海伦穿着泳装，从更衣间出来了。她问我："安危，你去卫生间了没有？"我说："没有，我现在不需要。"海伦说："你现在必须去一下！你要记住，出门在外，当你路过卫生间的时候，一定要去一下，几分钟的事儿，很方便。否则，当你真的需要的时候，你不得不进行一次'长征'，而且是一次很难受的长征！"我说，"好建议，我马上去"。卫生间很干净，备有洗手液、一次性纸巾；马桶也很干净，手纸就挂在旁边，上面还放着一卷。

海伦下海游泳了，我拍了几张照片，坐在海滩上，回味着海伦的这句话。我是在农村长大的，人们无论在地里干活，还是在村里行走，想解手了，背过身子，就把问题解决了。海伦在中国待了10年，对中国的文化和风俗习惯太了解了！她的忠告，我从此牢记心里，在以后的几十年工作中，我一直遵照她的建议——路过卫生间就去一下，

海伦是麦迪逊"北极熊冲浪俱乐部"的成员，那天游了大约15分钟，就上岸了

不知不觉中已养成了一种习惯。

海伦在大海里游了大约 15 分钟，就上岸了。海伦精神不错，坐下休息，同我开始聊天。她说，近年来身体有病，年龄也大了，下海游泳的次数少多了。

从 40 年代起，她就是麦迪逊"北极熊冲浪俱乐部"的成员，每年冬天都要举行"北极熊跳水竞赛"，海伦为自己能参加这样的竞赛感到自豪。1977 年以前，海伦和他们俱乐部的成员，一直坚持游泳，无论刮风下雨，还是天寒地冻，都来这儿游泳。"冬泳"当时很流行，都成了一种风尚。"冬天来这里游泳，真的不冷吗？"我好奇地问海伦。她说，冬天天气确实寒冷，但在大海里游泳，海水是有一定温度的，再加上奋力冲浪，实际上并不很冷。我对海伦说："感谢您的'路过厕所就上'的忠告，我会记着的。"

海伦说："生活中的细微末节，常被一些人忽略，给自己造成不便，也往往令他人难堪。"比如，参加团体旅游，往往因个别人迟到，让大家等候，就是很让人讨厌的一件事。工作安排，既要考虑自己，也要考虑别人。比如，想求朋友或熟人帮忙，时间的选择及处理不当，本来可以办成的事，却因考虑不周而泡汤。

海伦给我讲了她自己的亲身经历与感受。1941—1950 年期间，她担任"美国支援中国工业合作社委员会"副主席，工作又多又忙又繁琐。那时的工作，都是求人的事。求人帮忙，一定得注意方式方法，要为对方着想。你忙、他忙，大家都忙啊！要先给对方写封信，把事情的原委写清楚；要求对方如何帮忙，也得写具体、写清楚。信发出一个星期后，再打电话联系。打电话，一定要选择好时间。要了解对方的工作性质，了解人家的工作规律。上班族一般到办公室后，都要先处理紧急的事情；上午 10：00 以前不要打电话，下午 3：00 以前也不要打电话。打电话不要啰嗦，要直奔主题。一是省话费，二是不耽误对方的时间，因为人家已经读过你的信，什么情况、什么要求都清楚，能否帮忙，对方肯定也已考虑过了。如果提前不写信，打电话再啰嗦，对方胸中无数，本来有可能办成的事，也可能就办不成了。如果写了信，但打电话的时间不合适，比如对方正忙得焦头烂额之际，本来可以办成的事，也有可能被对方婉言谢绝了。

海伦坐在椅子上同作者聊天

我同海伦一起工作、聊天、外出游玩，随时随地向她学习，常常可以学到书本上学不到的东西。

第二次郊游，也是那年初夏的一个下午。海伦对我和雪莲说："我领你们去一个从来没去过的地方。"雪莲开车，拉着我们向麦迪逊北郊驶去。不一会儿，我们就到了麦迪逊北郊公墓。这个墓园比较小，约有 10 亩地那么大，但已有 300 多年的历史。这里埋葬着早期的移民，也有南北战争期间的士兵、将军和英雄。墓园周围，没有高大的围墙，也没有大门。我们沿着公路边的岔道，到了墓园南边的入口处，下了车，跟着海伦走了进去。我一边走，一边环视着这个墓园。海伦在两块墓碑前停下来，给我们介绍说，"这是一位战斗英雄……这是一位法国的将军……"

当我们走到墓园西北角时，海伦指着一块地皮说："这里就是我永久的住地了。"人还健在，为什么要急于选定墓地呢？墓地都是要掏钱购买的！她生活那么贫困，什么时候购买的？我正在纳闷，还没反应过来，海伦就开始给我讲这块墓地的来历了。

海伦坦然面对死亡。她指着脚下的地皮对作者说："这里就是我永久的住地了。"

20世纪40年代，麦迪逊是一个很小的地方，她现在住的蒙格塘路（Mungertown Road）一带，住户寥寥无几。马路对面有个邻居，名叫露丝·斯通（Ruth Stone）。她长得很漂亮，热情，能干，人品很好，与海伦有着相同的思想和性格，两个人很合得来。海伦研究历史，撰写地方志，露丝就帮助海伦清打手稿、去镇上复印。没过多久，他们就成了知心朋友，像亲姐妹一般。露丝在麦迪逊北郊墓园为自己选择墓地，竟买了两块。她对海伦说："也有你一块，咱俩永远做好邻居、好朋友，行吗？"

海伦告诉我，她本来没有这个想法，承蒙露丝的好意，她就接受了。她想，她是克里斯托弗·福斯特（Christopher Foster）的后裔。她的祖先最早来到马萨诸塞湾（Massachusetts Bay），在这儿定居下来的只有6个家族，福斯特家族就是其中之一。海伦认为，在充满悲观、抱怨的年代，他的祖先那种坦然面对困难的精神，是需要被重新唤起并加以传承的时候了。海伦在她的文章、日记里，多次写到露丝·斯通给她购置墓地一事。她曾写过一首长诗《露丝·斯通》，其中有四行是这样写的："斯通家族接纳了我，那是1941年，当一切说定办妥，他们在自己的墓地留出一方"。

关于她为什么接受这块墓地、进行土葬一事，海伦在她晚年的一首诗《不朽的血缘》中写道："我的祖先在1635年／就来到了新英格兰／我想占据它六英尺地皮／以保持有效的置留权"。

作者和海伦站在墓地旁

　　看着海伦手指的那块地皮，我的心情有点儿沉重。我接过她的话问道："海伦，如果有一天我不得不来这儿看望您的话，您希望我给您带些什么？"海伦不假思索地告诉我："我喜欢黄玫瑰，还有来自中国的好消息。"

何以成为杂家

　　海伦·斯诺以作家、记者和社会活动家闻名于世，但很少有人知道她还是一位著名的杂家——文学评论家、诗人、地理学家、历史学家、考古学家、神学家、家谱学家，等等。这除了她本人的天赋、好学之外，与她青壮年时代旅居中国 10 年的经历有关，也与她后半生在美国生活的艰难、政治环境的恶劣有关。

海伦·斯诺同佛教专家、燕京大学教授许地山在盔甲厂胡同 13 号的合影

　　海伦从小聪颖好学，立志要成为"大作家"。在盐湖城西部高中上学期间，担任学生会副主席、学校《年鉴》副主编，是学校各个俱乐部的活跃分子；16 岁时，就在当地报纸上发表她的诗作。她有两个孪生兄弟也要升学，为减轻父母的经济负担，1925 年她从西部高中毕业后，没有上大学，只是作为旁听生，在犹他大学选修了一些课程。在短暂的旁听期间，她参加了犹他大学举办的全校"作文竞赛"，一举夺魁，获得一等奖。

　　不久，她就开始工作。她找到的第一份工作，是担任白银集团的先锋——美国采矿会议的秘书助理。这份工作时间自由，正是她自学的好机会。为了去外面世界开阔眼界，实现童年的梦想，她努力工作，刻苦学习，广泛阅读报刊书籍，为该集团收集资料，剪贴收集关于中国的报道；同时进修在高中学习的法语和西班牙语，还自学了意大利语。她顺利通过了外交文职公务员的考试，寻到了一个在驻外机构工作的机会，1931 年海伦才得以到达上海，担任美国驻上海总领馆的社交秘书，业余时间为美国报刊撰写书评和东方新闻。

埃德加·斯诺应邀在燕京大学任教，于 1933—1935 年在燕大新闻系讲授"新闻写作"，海伦就借机在燕大学习。他们夫妇俩在海淀租下军机处 8 号院，居住了将近两年时间。那儿距燕京大学和清华大学很近，为渴望学习的海伦提供了一个极好的机会。她拜冯友兰为师，学习哲学和中国哲学史；她结识了许地山，向他学习中国的佛教和道教；还向张东逊先生

拉夫·普利策（约瑟夫·普利策的儿子）及夫人访问燕京大学新闻系时的合影。前排左起第二人：海伦·斯诺、梁士纯、普利策及夫人、纳什、梁士纯夫人

请教有关中国思想史的一系列问题。海伦还旁听燕大美术系主任黄先生的课程，研究中国美学的历史与理论。同时，她结交了商朝史的研究人员，对中国考古学和人类学产生了浓厚的兴趣，尤其是女性的地位和图腾的象征意义。她还给自己布置了一项任务，试图破解中国古代"图腾"的谜底，最终撰写了中国考古方面的书稿《图腾、饕餮与中国礼器》。海伦在燕京大学学习的这段学习，为她后来一系列开拓性的工作，创造了有利条件；也为她日后的研究和写作，打下了良好的基础。

为研究女性的地位，海伦·斯诺在中国结识了不少优秀的女性，包括一些女学生，这些人在 1949 年后成为新中国政府的重要人物。《放脚》是一部关于中国妇女解放历史的著作，是海伦回到美国后，经过多年积累和研究，最终撰写而成的。这本书包括几个很有价值的自传体故事，是她 1937 年访问延安期间，共产党的妇女领导人告诉她的。访问延安 4 个多月期间，她花了很多时间，收集关于共产党的历史资料。1939 年，她出版了关于陕甘宁边区的第一本书《走进红色中国》。1952 年，斯坦福大学出版了她撰写的中国共产党人的自传《红尘》。

旅居中国 10 年期间，海伦给自己定下了研究"中国生活史"的任务，对中国变化的各个阶段进行研究，其中主要作品包括 1941 年在香港出版的《中国为民主奠基》（后在印度、日本陆续再版）；1945 年约翰·戴出版的《中国工人运动》和 1946 年在伦敦出版的《中国工会》。

1936 年，海伦到朝鲜和中国东北旅行，1937 年在延安又遇到一位朝鲜共产党人金山，同他进行了日复一日的交谈。1941 年，约翰·戴出版了她撰写的关于朝鲜的畅销书《阿里郎之歌》。1951 年，她应邀为《大英百科全书》撰写了一篇关于这个主题的文章。她还为普拉姆和纽伯格编辑的《劳动百科全书》（*Encyclopedia of Labor*）以及哥伦比亚大学关于"中国男性与政治"的研究项目，提供了极有价值的帮助。

海伦一直对新教在亚洲的影响很感兴趣。她是菲律宾大主教阿格利佩的朋友，阿格利佩是菲律宾独立教会的领袖，当时认同新教的教义。1947年，她为美国教徒联盟出版的专题论文集《我们一起前进》，撰写了"亚洲的唯一神教派"部分。她还在他们的《基督教纪事报》上发表了系列文章。

旅居中国期间，她和埃德加·斯诺编辑了一部短篇小说集《活的中国》(*Living China*)，由约翰·戴于1936年出版。她与燕大的学生萧乾、杨刚合作，翻译编辑左翼作家的短篇小说，其中有几篇编在《活的中国》一书中；海伦为该书撰写了长篇论文《中国现代文学运动》，被认为是"西方学者研究中国新文学运动的先驱"。她还在伦敦《今日生活与文学》发表了一篇关于中国新文学的文章。1952年，海伦出版了她的短篇小说《寓言与比喻》(*Fables and Parables*)。与此同时，她还发表了不少诗歌，其中一些被艾伦·F.佩特编辑的《诗歌选集》收录，并在1938—1942年的版本中再次选录。

海伦为艾米·洛夫曼主管的《周六文学评论》撰写了多篇书评，其中三篇被选到《周六评论文库》(*Saturday Review Treasury*)，这是该刊整个出版期间的选集，只有100名撰稿人。她还为《纽约先驱论坛报》《国家》《新共和》等杂志写书评，并为这些杂志撰写文章。她在《亚洲》、《太平洋事务》、《读者文摘》、《国家》、《今日生活》(伦敦)、《新文学》(伦敦)、《基督教纪事》等杂志发表文章40余篇，其中有几篇是关于中国现代绘画的。她在北京期间，曾潜心研究中国的"写意画"。1933年，在泰亚尔·夏尔丹(Teilhard de Chardin，著名古生物学家、"北京猿人"发现者之一)的帮助下，她收集了一批中国画，其中包括鲁迅先生收藏的几幅木刻画，先后送往巴黎展览和纽约大都会博物馆展览。1938年，海伦当选为国际妇女地理学家协会会员。1941年后，她也先后成为国内外几个历史学会的成员。

1949年离婚后的海伦，第一次感到她的思想完全自由了，她可以无忧无虑地去从事她一直期望而又一直无法进行的文学创作。海伦花费了好几年时间，在耶鲁大学图书馆研究 17 世纪的历史，研究清教徒建立新英格兰的历史背景以及英国的清教革命和内战。她以这个为主题写了一部长篇历史小说《根与枝》(*The Root and Branch*)，包含了关于那个时期所有历史事件的研究。

随着朝鲜战争的爆发，反共的麦卡锡主义席卷全美。从 1950 年至 1960 年的麦卡锡时期，许多美国进步人士遭到政治迫害，许多进步的书籍不能出版。凡是有关中国的著述，也不能发表。然而，海伦·斯诺一直没有停止写作，即使是在被剥夺了政治自由、物质生活极端艰苦的情况下。

对海伦来说，生活的艰辛只是问题的一面，而美国国内政治环境对她的压制，使她几乎无路可走。她找不到工作，也不被允许旅行。这段时间，海伦把研究兴趣投向美国的过去，撰写了《麦迪逊历史》《吉尔福德历史》《最后一个北方佬》《福斯特家族》等地方志。海伦相信，这一与众不同的研究工作，揭示了美国"从清教徒移民最初的栖所，到一个个小镇，再到美利坚合众国的真实的历史事实……"

美国海关为何卡住我

那是 1986 年 9 月的一天，地点在旧金山机场海关。在美国待了一年后，我要回国了。可是，我的行李被美国海关卡住了。我猜想，是不是因为我的托运行李数量太多？共 6 件。还是因为我的行李包装不合格？有 5 个是纸箱。

"Please open this box." 一位年轻帅气的海关检查员对我说。我小心翼翼地打开那个大纸箱，海关检查员说："全打开，把里面装的东西拿出来"。大纸箱里，还套了一个较小的纸箱，我把小纸箱从大纸箱里拿了出来。这是我精心包装的，纸箱套纸箱，为了保护这件珍贵的东西免受任何碰撞。我轻轻地把它抱出来。检查员看了看，对我说："Just a minute"。过了两三分钟，检查员领来另一个人。那人带着疑惑不解的表情，看过来，看过去，久久没说什么。他们怀疑这东西是做间谍的工具？还是怀疑这东西属于"文物"不能出境呢？我等得实在不耐烦了，只好强带微笑，平和地对他们说："这是一台旧式收音机。我的一位老朋友 30 年代旅居中国期间使用过的，我把它作为纪念品，准备带回中国。"两位检查员又仔细看了一遍，说了声"让你久等了"。就这样，才放行。

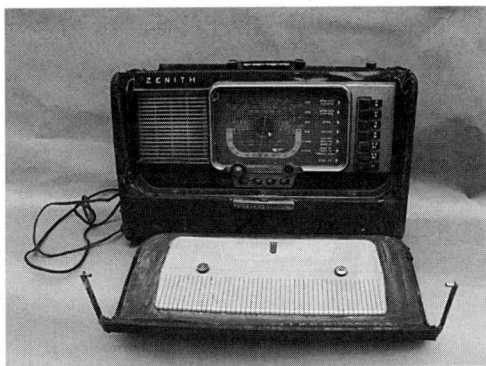

埃德加·斯诺和海伦·斯诺 20 世纪 30 年代在中国使用过的收音机

1986 年 8 月，海伦用院子里的鲜花，亲手为作者做了一个花环，为其送行

从 1982 年到 2017 年，我因公事出访、讲学研究、文化交流，先后 22 次到美国。1985 年 9 月至 1986 年 9 月，是我第二次赴美访问，也是在美国停留时间最长的一次。这次访问的主要任务，是在康州 Trinity College 做住校访问学者，向学生和社会团体介绍中国历史文化，重点介绍中国改革开放的新政策、国内的大好形势及初步成就。另外，我自己还有一个"副业"，就是利用周末和节假日，帮助我的朋友海伦·斯诺工作，研究她的生平和著作，收集她和斯诺先生的有关文献资料。

1986 年夏季，我决定回国后创办一个"海伦·斯诺在中国"图片实物展览。我把这个想法告诉海伦后，海伦欣然同意了，她主动给我了许多东西，包括写作用具、衣物、毛毯，等等。

有一天，我要求海伦陪我到她住所的地下室看看。她说："当然可以，那里堆放的都是无用的东西，是些破烂。"在几个破椅子和一堆板条中间，我看见了这台收音机。海伦说，那是他们在北平、上海旅居期间使用过的收音机，许多消息都是通过这台收音机得到的。我立刻意识到这件物品的重要性。我问海伦："我可以把它带走吗？"海伦笑着说："你不嫌麻烦，就拿走吧。"这台老旧的收音机，现在就陈列在西安"八办"纪念馆《伟大的女性——海伦·斯诺在中国》专题展览厅里。

"采访离不开译员"

　　海伦·斯诺收藏的文件资料中，有一些 30 年代的布告、文章和信件。时间久了，又是中文，她不知道都是些什么内容。1986 年夏天，她要求我把那些材料的标题和内容简介给她翻译出来。我说这不难，两个周末就可以完成。

　　我们一边整理旧资料，一边聊天，海伦问我有什么业余爱好。我说对外友协的工作越来越忙，我主要搞接待翻译，没有多少业余时间。晚上和周日，就搞些笔头翻译，偶尔参加一两次翻译协会的活动。"你们还有翻译协会？"海伦有点好奇地问道。我告诉她，陕西省翻译协会是 1980 年 11 月成立的，我还被推选为秘书长。海伦听了后，显得既惊讶又兴奋。她问我："你们有多少会员？""现有 300 多名"，我说。海伦说："那你就认识不少搞翻译的同行了！我们当年在中国也学了汉语，日常交流问题不大，但正式采访，就离不开译员。翻译工作很重要啊！"海伦便滔滔不绝地给我讲起埃德加·斯诺和她 1936 年、1937 年两次西北之行的一些细节。

　　1936 年 6 月，埃德加·斯诺通过地下交通进入西北红区。出发前，他得到的信息是：到苏区后，会给他配备译员，但最好由他自己选带一名。于是，斯诺请北平一位中国青年作家陪他同行。那人在西安与他会面了，但临走前却改变了主意，不去了，斯诺只好独自前往。同时，他立即给海伦写信，请她物色一两名燕京大学的学生朋友陪他旅行，做他的译员。

　　斯诺进入红区后，碰到第一位会讲英语的人是周恩来，当时在指挥东部"前线"。周恩来给他派了一名武装警卫，让他前往保安会见毛泽东。保安能讲英语的，只有三两位，其中吴亮平最好，斯诺进行正式采访时由他担任译员。然而，吴亮平离不开保安，不能陪同斯诺去甘肃、宁夏采访，他只好等待新译员的到来。

一二·九运动之后，学生领袖王汝梅被短期监禁，1936年5月被释放出来后，径直去盔甲厂胡同13号拜访两位老朋友。王汝梅随即返回燕京大学，准备毕业考试。海伦接到丈夫的来信后，立刻给王汝梅打电话："那位去西北的人急需一位翻译"。王汝梅自告奋勇，愿意前往，虽然不得不放弃他的毕业考试。海伦把能凑到手的现金，全部交给了他，就乘下一次列车出发了。王汝梅进入苏区后，更名黄华。当斯诺要离开保安前往甘肃、宁夏"前线"时，黄华正好赶上了他，成为斯诺的专职译员。

斯诺同毛泽东在保安最初访谈时，吴亮平担任翻译。毛泽东要斯诺把他所谈的内容，全部用英文写出来，然后由吴亮平回译成中文，再由毛泽东加以订正、充实和编排。就这样，他们三人坐在一起，最后由斯诺写出定稿。斯诺同周恩来的采访谈话，却是另一种情况。斯诺把周恩来的谈话直接写出来，自己做了修正后，再读给周恩来听。对其他人的采访，斯诺就按人家对他讲的，逐字逐句地记录下来。

斯诺西北之行的4个月期间，红军大部分时间只有零星的边界战斗，政治活动也处于休止状态，因为中共领导人都在等待第二方面军从四川到来，共同商讨新的大政方针。因此，斯诺的采访计划进行得很顺利，他想见谁，只要张口就行。事实上，红军将领和士兵，都希望有机会同来自外边世界的人谈话。

当时，每句话对斯诺都是新鲜的、有教益的。斯诺几乎是有闻必录，经常是手拿钢笔或铅笔，从一大清早写到半夜。毛泽东一连几个礼拜，几乎每天夜里都同斯诺交谈，通常是从晚饭后九十点钟开始，直到深夜两三点才停止。海伦说："埃德一共写了16本笔记簿，每本少则50页，多则

100页，常常是每页正反两面都写得整整齐齐"，因为那里写字用纸是稀罕的商品。遇到重要的姓名或可疑字眼，斯诺就请谈话人或译员替他用中文写下来。

我问海伦："听说您1937年访问延安时，也更换了几位译员。"海伦回答道："是的，但我的情况比埃德的好多了，我一直有译员在身边。"1936年10月末，斯诺从陕北采访回到北平，东北大学校长的儿子王福时就成为盔甲厂胡同13号的常客。他有机会看到斯诺与毛泽东6次访谈记录、毛泽东长征诗词和戴八角帽的照片、红军长征路线图等资料。王福时意识到这些资料对于宣传和推动抗战的重要性，随即组织郭达、李放、李华春等人编译成中文，并在他父亲王卓然主持的《东方快报》印刷厂印刷，仅用了三个月时间，就完成了中文版的《外国记者西北印象记》。

1937年4月，王福时连同陈翰伯作为海伦·斯诺的翻译，一同去延安采访，并于5月15日就国共合作、争取民主及准备抗日等问题，对毛泽东进行了近5个小时的采访。陈翰伯和王福时将会谈记录经毛泽东修改确认后，携带海伦拍摄的一些胶卷，先后离开延安，返回北平，先在中共地下刊物《人民之友》上发表，后又以王爱华的笔名在巴黎《救国时报》发表。陈翰伯、王福时离开延安后，余建亭成为海伦的第三位译员。在余建亭的陪同下，海伦又先后三次采访了毛泽东。海伦持毛泽东为她写的介绍信，原

1991年，作者和王福时老先生、张小鼎先生在人民大会堂留影

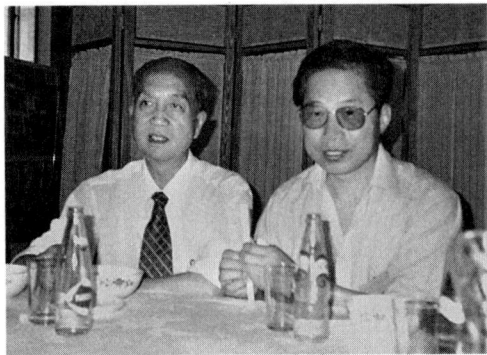

1988 年，作者和余建亭先生在一起

计划去山西前线采访，但因从延安返回西安的路上耽误了时间，没赶上开赴前线的部队，她只好改变行程，返回北平。余建亭作为记者，与西北战地服务团同行。

20 世纪 80 年代初，王福时、陈翰伯、余建亭与海伦·斯诺取得联系。陈翰伯、王福时先后访美，专程去麦迪逊看望了海伦。海伦去世后，王福时专程参加了在洛杉矶为海伦举行的追思会；余建亭还参加 2000 年 10 月在杨伯翰大学举行的美国首届"海伦·斯诺国际研讨会"。

海伦·斯诺对翻译工作一贯非常重视，时刻关心着年轻一代翻译工作者的成长。1989 年 5 月，陕西省翻译协会发起举办"首届全国中青年翻译理论及出版研讨会"，海伦·斯诺获悉这个消息后，为大会发来如下贺函：

我与中国青年关系密切，对中国青年翻译家一直心怀感谢之情。在我"一二·九"的朋友中，黄华、李敏、王福时不仅是学生运动领袖，而且也是杰出的翻译家。1936 年夏天，黄华放弃了他在燕京大学的学业，做了我当时的丈夫埃德加·斯诺去陕北保安旅行的翻译。没有他及吴亮平等人的翻译，就永远不会有一部世界经典之作《西行漫记》。1937 年春天，王福时和我步埃德的后尘到了延安，作了 4 个月的旅行，也使我能够完成《续西行漫记》及其他 4 本书。

41 年后，当我重返西安、延安、保安时，又是一位中国青年为我做翻译，帮我回到我在中国的岁月，并了解了中国的成就。尽管我们年龄差距很大，但我们从此成为好朋友。在过去的 10 年里，他翻译了我 3 本主要著作以及我的许多文章，成为中国杰出的翻译家和斯诺研究学者之一。他就是安危，陕西人民对外友好协会的领导人之一。

　　我非常高兴地获悉，由安危指导的陕西省译协主办的全国中青年翻译理论及出版研讨会将在西安举行，谨向你们表示热烈祝贺。我已经写了 42 本书（大部分尚未出版），其中许多与中国有关，我希望这些书能在中国拥有读者。我相信，通过这次研讨会，将在中国青年中产生更多的杰出的翻译家。

　　祝每个人都能取得成功。

海伦·福斯特·斯诺

1989 年 5 月

难以资助的贫困老人

　　海伦·斯诺是一位美国记者、作家，中国人民患难与共的朋友。在美国反共反华的麦卡锡时期，她受到 FBI 的指控，失去政治自由，无法找到工作，不能出国旅行，著作不能出版，再加之离婚，独居一个古老的小农舍，生活十分艰难。20 世纪 70 年代，中国的公派留美学生，每月的生活费是 400 美元，可是她每月仅靠 75 美元为生。但她一直回忆撰写 30 年代在中国的所见所闻，跟踪中国的发展进步，共完成 64 部著作手稿，尽管她知道她的作品无法出版。

　　1972 年，她终于等来了中美关系解冻。当年 11 月，海伦首次返回她旅居了 10 年的中国，1978 年 9 月再次重返中国。她没有钱，就卖掉当年在中国收藏的一些纪念品、瓷器、丝绸、丝毯，凑够路费。她是受中国人民对外友好协会的邀请来华的客人，却婉言谢绝招待，自己支付全程旅费。在 1971—1985 年期间，中国驻联合国使团和驻美联络处、大使馆的官员黄华、柴泽民、梁于藩，先后多次看望她，都带去美元现金，少则两千，多则三千，作为礼物，设法资助一下她，但都被她婉言谢绝了。

　　1985 年冬天，我在一个周末去麦迪逊看望她，与她聊天。当我谈到她生活艰难却又谢绝资助的话题时，她对我说："我是作家，我研究和写作的主要领域是中国。我写作的原则是'实事求是，独立思考'。如果我接受了中国政府的资助，有人就会说，'她得到了中国的好处，所以才那么写。'一个作家失去读者，就等于失去生命。"

　　1984 年，她在纽约出版了她的回忆录《我在中国的岁月》，但由于她

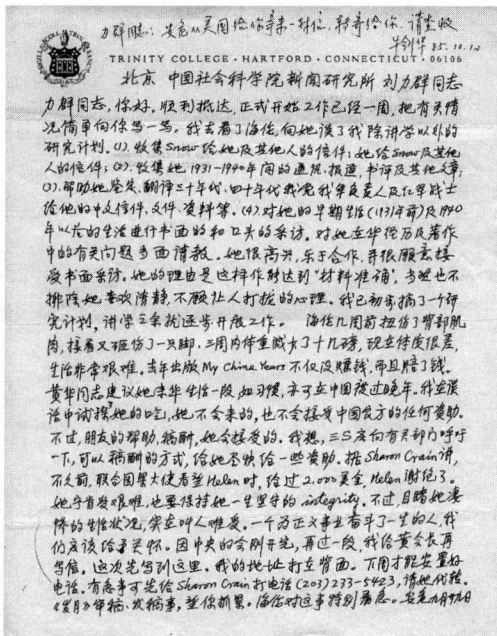

1985 年 9 月 29 日，作者给刘力群秘书长的信

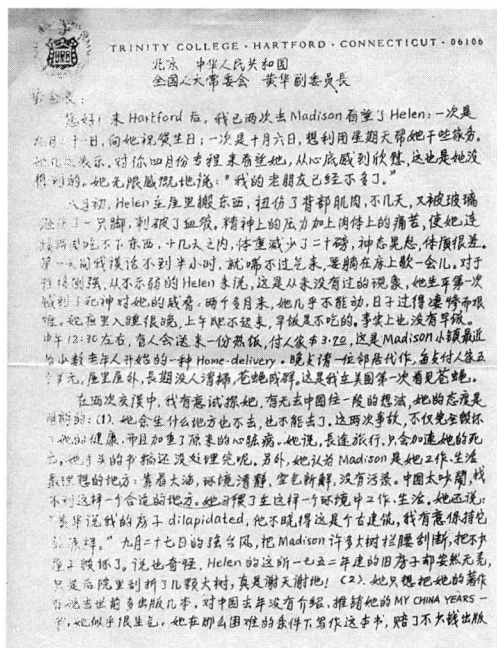

1985 年 10 月 8 日，作者从美国写给黄华的信

这本书，完全是为了中国。可是出版后，中国方面对这事很不热心，象 CHINA RECONSTRUCTS 这样的杂志，连一个字也不登，她说："去年，只有商船和你在中国为文章介绍了它，可是中国连一本书也没购买。"

她对一些中国人和美国人向她询问 Edgar Snow 的往事很不高兴，她一提起这类事，也非常激动："我们从一九四九年就一刀两断了，他的事，为什么老问我？"Sharon Crain 后来对我说："她本意是媒人们只想 Snow，这方面突出 Snow，没有突事事是她惟写其他人，更没有宣传 Helen，甚至常常连他的名字也不提。她当时也是记者，也作了类似 Snow 作的那些事，而且有些事迹是独一无二的，例如 1936 年 10 月采访并发表了 X 学良的谈论；1937 年历时四个月的延安之行；1938 年到立'工合'的独特见解和特殊贡献。作为一个女性，她当时的作为，不是普通男子可以与她匹敌的。"

Helen 一贯喜欢清静，不顾别人打扰。但在我这几次谈法中，却很羡慕我闲来常去她那儿，并向我建议说："这儿没有公共交通，来往不方便，你和容生搞好关系，他有自己汽车，周末喜欢来车海汉班，上午把你捎来，下午再捎回去。即些陪伴，依程理好吃，到回 Hartford 再编。"Helen 现在意识到她不行了，各方面都需要人帮助。在一个'无践事事难行'的社会里，居到一个正文事业奋斗一生的老朋友，身处'贫困和疾苦'的折磨之中，不由使人心酸。她生日那天，我闻次几乎挥了泪来。听 Sharon 讲，她儿次拖拒我接；微薄的资助，最近又拒收某大使亲自送来的赠款。她永远也不会接受我国力方资助的，她爱里字把一生里持的信念，INTEGRITY 她的这种精神是可敬可佩的，可她目前意需一些资助了。近年来，国的翻印发表了她，不水大章，也翻译出版了她四本著作，《延安采访录》、《我在中国的岁月》、《现代中国女性》、《七十年代西行漫记》。我建议政府能买她出版社后写中国出版工作及其著作的，把哪资助她的钱，以稿酬的形式送给她，以解燃眉之急。我也试谈过，付稿酬，她会乐于接受的。她说："我的著作在中国出版，从来就没付过稿费。"另外，我支持咱们的三S研究会，因我认为我国放力资助的，她感到一生为之奋斗的事业也竞是正义的，是值得的，是没愧人们遗忘的，使在 1949 年以来年业上，也送上是遗忘遗忘的心灵，也能铭徽谢得到一点儿安慰。（接背页）

（接背页）

黄会长，南京前，您在百忙中花了那么多时间同我谈法，介绍 Helen Snow 的有关情况，三S研究会今后的工作，等等，对我在这儿的工作，尤其是对 Helen Snow 生平及著作的研究工作，帮助很大。我再次向您表示感谢。我在这儿有机会能为 Helen 作一些我所能及的事情，也算了国内不太同意的心愿，尤其是老同志的心愿。

Helen 最近精好一点，但还不能工作，一打字，脊背就痛。你的信，她收到了。她请我代她向您问好，向何理良同志问好。

祝您身体健康！

安危 1985.10.8.

我的通讯地址是：

An Wei
220 Fairfield Avenue
Hartford, CT. 09114
Tel. 203-549-5759

不能去各地演讲、宣传、签名售书，出版商不但没赚钱，还赔了不少钱。当我问到出版商给作者怎样支付稿酬时，她说："发行得好，就有稿酬，甚至很多。无论哪个出版商，出了书，都得给作者支付稿酬，那是作者的劳动所得啊！"

得到这个信息后，我立即给中国三S研究会秘书长刘力群写信，接着又给黄华副委员长写了一封信，建议能否以支付稿酬的方式，给海伦一些资助，因为国内已经出版了她的三本书。黄华接到我的信后，立即给中央书记处邓力群写信，建议商办此事。同时，写条子给刘力群，叮嘱他具体落实。两个月后，海伦收到了中国寄来的 5000 美元稿酬。海伦高兴地对我说："这是我第一次收到来自中国的稿酬。我从来没期望中国出版商给我支付稿酬的。我写作，不是为了出版商，而是为了中国人民和他们的子孙后代。"

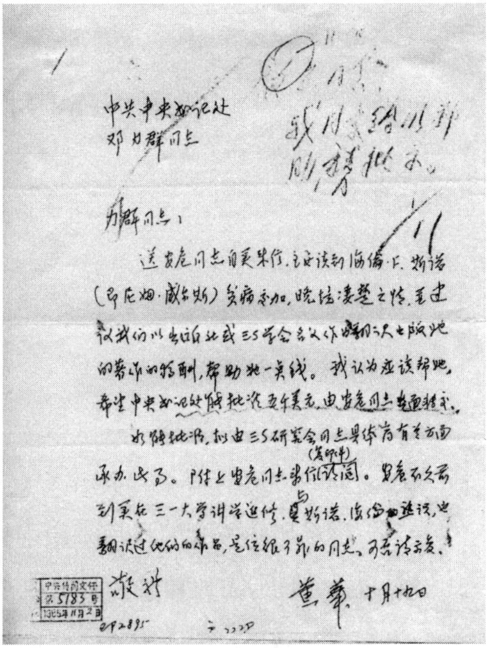

黄华 1985 年 10 月 19 日给邓力群的信

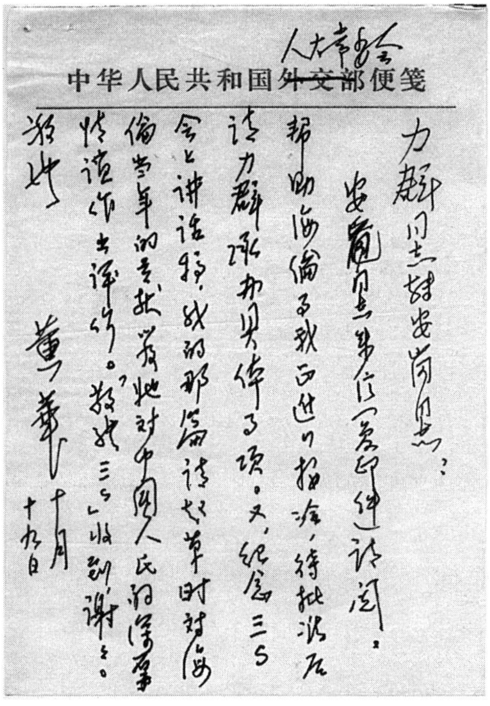

黄华 1985 年 10 月 19 日给刘力群的信

海伦家族为啥爱唱《南泥湾》

（一）

1978年秋，海伦·斯诺率领一个电视摄影小组，第二次重访中国。在西安期间，突然传来一条好消息，令海伦兴奋不已！只剩下不到24小时了，她利用吃饭时间、拍摄途中，硬要摄影组的康西丁（Tim Considine）、奈尔逊（Nelson）和录音师等三个年轻人，跟她学唱中国歌曲《南泥湾》。由于她太激动，唱着唱着，不时跑调，就要求我给他们教唱。她用命令的口气对三个年轻人说："明天下午6点钟以前，你们必须学会这支歌！"

海伦·斯诺为什么这么着急？为什么必须学会这首歌呢？三个年轻的美国人蒙在鼓里，感到莫名其妙，但还必须学唱！曲子不难，难的是他们记不住那几句中文歌词。他们悄悄地问我："安危，为什么要学唱这首歌呢？"我说："不能告诉你们，海伦要求保密。"

第二天拍摄西安北门外的铁路，在疾驶的火车开来时，摄制组采访海伦，要她描述1937年4月的一个黎明，她冲出北门，逃往延安的情景。下午四时采访结束，回到人民大厦。这时，我才告诉摄影组："5点整出发，去丈八沟国宾馆。国家领导人要接见、宴请海伦·斯诺和摄影组全体成员。"海伦这时才对他们发出会心的微笑。

下午6时整，在王林市长的陪同下，国务院副总理王震会见了海伦·斯诺。热烈的握手，欢快的笑声，绘声绘色的叙旧，令在场的中外宾客感到惊讶，紧接着是兴奋和激动。原来，王震和王林，都是海伦的老朋友。海伦做梦也没有想到，在西安会见到这两位挚友！ 1937 年，海伦在延安多次采访过王震，对他的生平事迹印象极深。王震当时还送给海伦一张珍贵的照片，是他在长征途中与少数民族的头领在一起的合影。海伦把王震的故事，收录在她撰写的《中国共产党人》一书中。在过去 40 多年里，她一直在关注、追踪着王震的足迹。王林当时是一位红军的信使，1936年 9 月的一天，他把埃德加·斯诺从陕北写给海伦的一封信，送到了北平盔甲厂胡同 13 号的斯诺住宅，才促成了海伦 1936 年 9 月的第一次西安之行。在西安，海伦独家采访了张学良将军，获得了他"联合抗日"的主张，提前 70 天预告了西安事变的真正原由，为抗日民族统一战线的形成作出了她自己的贡献。就在这次会见中，王林告诉海伦，当年东北大学徐冰教授交给斯诺的那封用隐形墨水写的信，是经刘少奇批准、由柯庆施书写的……他们越谈越兴奋，原定晚宴的时间已过了一个小时。

1978 年 10 月，海伦·斯诺访问保安，受到当地人民的热烈欢迎

"咱们共进晚餐吧,一边吃,一边继续聊!"王震副总理笑着说。海伦突然提议:"让我们齐唱一首歌,再跟王震走!"

海伦带头唱道:"花篮的花儿香,听我来唱一唱,唱呀一唱……"在场的中国朋友,也同他们一起唱了起来。这一唱,把会见的气氛推向高潮!唱完一遍后,大家站起来,一边走,一边唱,一直唱到了宴会厅。

(二)

为庆祝海伦·斯诺 80 华诞和访问延安 50 周年,1987 年 9 月,由中国三 S 研究会邀请、玛格丽特·斯坦丽(Margaret Stanley)率领的"中国之友"访华团来西安、延安访问。这个由 18 人组成的代表团,都是中国的老朋友、新朋友。还有美国著名女权运动领袖苏珊·B.安东尼(Susan B. Anthony)的侄女(海伦·斯诺的挚友)和海伦的大侄女谢莉尔·福斯特·毕绍福(Sheril Foster Bischoff)。在西安期间,代表团参观了《杰出的女性——海伦·斯诺在中国》图片实物展览,出席了"海伦·斯诺事迹报告会"。

9 月 21 日是海伦的 80 岁生日。20 日晚,在西安人民大厦举行的"庆祝海伦 80 寿辰"的盛大宴会上,省委副书记周亚光发表了别具一格的祝酒词。他说:

今天,我们准备了一个插着 8 支蜡烛的生日蛋糕。不过,这一块蛋糕与 72 年前穆迪·福斯特夫妇准备的那一块全然不同,尽管插的蜡烛都是 8 支。

1915 年,穆迪·福斯特夫妇的独生女儿海伦刚刚 8 岁。她读了童话小说《绿野仙踪》后,就立志要到遥远的地方去旅行,当一名大作家。福斯特夫妇及其朋友们,向小海伦表示祝贺,祝愿她梦想成真。从此以后,海伦便踏上了"黄砖铺成的道路"。

　　15 年之后，海伦长大成人，独自来到东方。她把个人的前途同灾难深重的中华民族的命运联系在一起，爱中国人民之所爱，恨中国人民之所恨，为中国人民的解放事业，为世界和平与人类进步，做出了可贵的贡献。

　　75 年前，我们大家都没能够同福斯特夫妇一起，向年仅 8 岁的海伦祈祷祝福，可是我们今天却有机会向 80 岁高龄的海伦表示祝贺，祝贺她孩提时代的梦想终于成为现实，祝贺她终于成为一位著名女作家、女记者、女社会活动家！

　　我提议大家一起举杯，为海伦·斯诺的健康长寿，为海伦精神之树常青，为中美两国人民的友谊，干杯！

在一阵热烈的掌声中，海伦的大侄女、"海伦·斯诺文学托管会"主席谢莉尔·福斯特，走上主席台一架钢琴前坐下，先弹了一曲《祝你生日快乐》，紧接着说："我还要为大家演奏一首中国歌曲——我姑妈最喜欢的一支歌曲！"话音刚落，一阵悠扬、

2007 年 9 月，谢莉尔·福斯特在延安海伦当年的住所前留影

轻快、动听的《南泥湾》乐曲，响彻宴会大厅！全场报以热烈的掌声……

　　谢莉尔是地道的美国人，不懂中文，怎么会弹《南泥湾》？海伦·斯诺为什么最喜欢这首歌呢？

（三）

　　2007 年 9 月，陕西省斯诺研究中心举办了"车轮上的国际研讨会"，

2007 年 9 月，海伦·斯诺的后代一行 8 人，在延安大学合影

纪念海伦·斯诺诞辰 100 周年。参加这次研讨会的美国客人有 20 多位，其中有海伦的侄子、侄女、侄孙等亲属 8 个人。海伦有 2 个侄子，4 个侄女。第三个侄女的女儿名叫克里斯塔·科博（Krista Cobb），20 岁出头，是个年轻美丽的姑娘。她性格活泼，喜欢唱歌跳舞，一路上又说又笑又唱。唱着唱着，她突然用中文唱起了《南泥湾》！

2016 年 9 月，克里斯塔应邀参加了在西北大学举办的"两个斯诺的中国情结"国际研讨会。在最后一晚的联欢会上，克里斯塔又演唱了《南泥湾》。据斯诺研究中心的同事们说，近年来在美国堪萨斯城、雪松城、盐湖城举办的有关海伦·斯诺的聚会上，她多次用中文演唱过《南泥湾》。

海伦·福斯特家族，为什么都喜欢中国歌曲《南泥湾》？为什么还代代传唱呢？这还得从 1937 年说起。

（四）

1937 年 5 月 2 日至 9 月 7 日，海伦·斯诺在延安采访了 4 个多月之后，途经西安，去青岛略加休息，转回到了上海。由于日本帝国主义的狂轰滥炸，上海大街上到处是难民和伤兵。为了组织难民生产自救，支援抗日前线，海伦提出了建立工业合作社的创意，并进行了艰苦细致的协调和沟通工作。令她兴奋的是，毛泽东和陕甘宁边区从一开始，就同意并支持"工合"事业。1939 年，斯诺和艾黎先后专程访问了延安，毛泽东向埃德加·斯诺发表公开声明，同意在陕甘宁边区建立工业合作社。路易·艾黎受斯诺夫妇委托，在延安成立了"工合"延安办事处。海伦·斯诺向延安寄出了第一笔资金，边区用 1.5 万元赠款和 2 万元贷款，5 个月后办起了 15 个"工合"项目。同年，海伦·斯诺在纽约出版的《太平洋事务》季刊上发表"中国工业防卫的新战线"。

在 1939—1940 年旅菲期间，海伦·斯诺在中国、菲律宾和美国的报刊上，发表了近百篇文章和报道，宣传"工合"理念，组建"工合"社团，为中国"工合"筹集到数以百万计的美元，解决"工合"急需的资金。同时，她以中国"工合"运动为蓝本，撰写了专著《中国为民主奠基》。1940 年，尼赫鲁把宋庆龄送给他的这本书，在新德里再版，并亲自撰写序言，他以此书作为教科书，在印度办起了 5 万个工业合作社。尼赫鲁写道："在当今战乱的世界，这些合作社的民主基础以及在这个基础之上的发展，都具有重大的影响和意义。政治的民主，有可能在这个基础上得以生存。"当谈到"工合"的伟大意义时，尼赫鲁接着写道："未来很有可能把我们和别人，都引向一个合作联邦的道路；如果整个世界要从当前这个战乱不休的野蛮状态中崛起，那么，将来很有可能非以合作的方式组建我们这个世界

2016 年 9 月，克里斯塔在研讨会上用中文
演唱《南泥湾》

不可"。

更令海伦·斯诺激动的是，三年之后的 1942 年，毛泽东在陕甘宁边区发动了轰轰烈烈的大生产运动，王震将军统率下的 359 旅开进南泥湾，把荒山野岭变成了陕北的"好江南"。南泥湾成了共产党"自己动手，丰衣足食"的样板，王震将军成了海伦心中的偶像。海伦对毛泽东的敬仰之心，再次得到提升。她当时就下决心，要撰写一部毛泽东的传记。

1972 年，海伦·斯诺回到她曾经生活过 10 年、阔别了 32 年的中国。这是她第一次访问新中国！邓颖超对她说："您是我们风雨同舟的老朋友，愿意去什么地方就去什么地方，愿意待多久就待多久。"海伦说："我要去毛泽东的故乡！"于是，她去了长沙、湘潭，一待就是一个多月。她撰写的《毛泽东的故乡》，被称为"毛泽东的地理传记"，从历史、地理、传统文化方面，告诉人们"中国为什么会出现一个毛泽东"。就在这次访问期间，海伦学会了两首歌曲，一首是《浏阳河》，另一首是《南泥湾》。

海伦认为，"一起干、努力干，合作共赢"的"工合"理念，与毛泽东的"自己动手，丰衣足食"的思想，有着亲密的内在联系。她赞颂毛泽东思想，她热爱南泥湾精神。王震和他率领的 359 旅，是毛泽东思想的实践者；她本人是"工合"理念的倡导者和实践者。

海伦·斯诺曾荣获中国文学基金会的"理解与友谊"国际文学奖、中国政府授予的"人民友好使者"的称号；在印度赢得了"工合之母"的美誉。鉴于她对"工合"的贡献，曾两次荣获"诺贝尔和平奖"的提名。

是巧合，还是天意

    海伦·斯诺在她风华正茂的时期旅居中国，与中国人民风雨同舟，为中华民族的独立和解放，整整奋斗了 10 个年头。1941 年回到美国后，又为中国"工合"事业奔走呼吁，筹集资金，又奋斗了 10 个年头。1949 年 5 月，埃德加·斯诺与她离婚，43 岁的她，为了她的写作和中美人民的友谊事业，决定不再婚嫁，独身到老。

    海伦不是不想要孩子，而是失去了生养的机会。她对几个侄子和侄女的关爱和支持，充分证明她对下一代的无比热爱。海伦有两个侄子，大侄子叫约翰·福斯特（John Foster），小侄子叫埃里克·福斯特（Eric Foster）；四个侄女：谢莉尔·福斯特（Sheril Foster）、凯丝琳·福斯特（Kathleen Foster）、南希·福斯特（Nancy Foster）和黛布拉·福斯特（Debra

1945 年，海伦在故居前为谢莉尔拍的照片，海伦的妈妈汉娜 1880 年就出生在这所房子里

1952 年，海伦和她的侄子侄女们在雪松城，从左至右：谢莉尔、南希、约翰，婴孩埃里克

Foster）。下一代 6 个家庭成员中，大侄女谢莉尔及丈夫毕绍福（Garth Bischoff）与海伦来往最亲密，尤其是在海伦的晚年。

神奇的 10 月 3 日

谢莉尔早年与海伦的密切关系暂且不说，我只想讲她在海伦晚年做的几件大事。海伦 1978 年第二次重访中国前夕，路过洛杉矶，在谢莉尔家里作简短停留。根据海伦的提议，他们夫妇俩成立了"海伦·斯诺文学托管会"，并亲自担任托管会两位主席。从 1987 年起，谢莉尔多次代表海伦·斯诺来华参加各种纪念会、学术研讨会及友好活动。1996 年夫妇俩带着我，专程去位于 Logan 的犹他州立大学和位于 Provo 的杨伯翰大学，寻求海伦文献资料的落脚点。海伦病重期间，他们两人三次从西海岸赶到东海岸，每次待一个星期，帮助海伦整理她珍藏的所有资料，装进 300 多个小纸箱，用两辆大卡车运往犹他州。海伦 1997 年 1 月 11 日去世后，谢莉尔用 4 个月时间，夜以继日地工作，编撰并出版了图文并茂的专著《架桥——海伦·斯诺生平画传》，赶在海伦下葬的 5 月 2 日在麦迪逊举行了首发式。如今她依然为传承海伦的精神遗产和中美友谊而奔波。

在福斯特家族所有成员中，唯有谢莉尔对海伦、对海伦的事业以及对华友好工作非常热心。为什么呢？谢莉尔除了家庭条件允许外，她还有一个不为人们所知的"中国情结"。1936 年 10 月 3 日（美国时间 10 月 2 日），张学良将军在西安接受了海伦·斯诺的采访，第一次向外界表明了"团结一切爱国力量共同抗日"的主张。10 月 8 日，海伦·斯诺在伦敦《先驱日报》发表一个爆炸性的独家新闻："宁可要红军，不要日本人，中国将军要团结"，提前 70 天披露了西安事变的原由。西安事变发生后，她挺身而出，用事实澄清国内外新闻界的各种猜测和谣言，为西安事变的和平解决及抗日民族统一战线的形成，作出了独特的贡献。

就在海伦·福斯特·斯诺采访张学良的那一刻，一件喜事降临在福斯特家里——远在大洋彼岸的犹他州雪松城（Cedar City），海伦的弟弟弗雷德里克·福斯特（Fredrick Foster）的第一个孩子、一个可爱的女婴呱呱落地了。她，就是谢莉尔！也是老福斯特夫妇的第一个孙女。谢莉尔从小到大，每年过生日的时候，全家人都会谈到她的姑妈海伦，谈到海伦在中国采访张学良的独家新闻。谢莉尔从小就把她自己与姑妈、与中国联系在一起。

20世纪80年代初，她随丈夫第一次到北京，就爱上了热情好客的中国人民和古老的中国文化。1987年，她第一次代表姑妈访问陕西，参加《伟大的女性——海伦·斯诺在中国》图片实物展览开幕及"海伦·斯诺访问延安50周年"庆祝活动。在省委副书记周亚光主持的宴会上，谢莉尔激情满怀地弹起了《南泥湾》乐曲……

从此以后，她受姑妈的委托，代表海伦·斯诺，数十次来华参加北京、西安、上海、武汉举办的学术研讨会、纪念会及中美人民友好交流活动。她更是西安的常客，像她姑妈一样，把西安、延安、保安当作自己的

2014年，谢莉尔在上海国际研讨会上发言

2016年，谢莉尔与杨伯翰大学教授们在西安

第二故乡。西安八路军办事处纪念馆自 1987 年举办《伟大的女性——海伦·斯诺在中国》图片实物展览以来，三次改版升级，三次重新开放，她每次都来参加揭幕式；陕西省斯诺研究中心发起的"海伦·斯诺新闻奖"选拔活动，她大力支持，并两次专程到西安出席"颁奖仪式"，亲自为获奖的新闻工作者颁奖；她多次率几十个人的庞大代表团，来陕西参加我们举办的"宝鸡工合国际研讨会""斯诺月活动""车轮子上的国际研讨会""两个斯诺的中国情结"，以及海伦·斯诺著作中文版出版发行仪式，等等。

奇妙的 1907

海伦有 3 个弟弟，大弟二弟是双胞胎，名叫大卫（David）和弗雷德里克（Fredrick）；大卫死于二战，二弟只有一个女儿谢莉尔。三弟约翰·穆迪·福斯特（John Moody Foster）有 5 个孩子，2 男 3 女，小约翰就是三弟的大儿子（海伦的大侄子）。海伦很喜欢她这个大侄子。20 世纪 50—60 年代，是海伦最困难的时期，尽管她自己的生活捉襟见肘，每月还要给侄子小约翰邮寄 50 美元，资助他上学，直到大学毕业。

约翰·福斯特（小约翰）牢记姑妈的教导，是一个勤恳、朴实、自立的人。他有一个幸福的大家庭，3 个儿子、4 个女儿，18 个孙子，是福斯特家族最大的一个家庭。约翰也是一个最忙碌的人，忙工作，忙养家。尽管已年过 70，但仍然为儿女、为孙子的生存而忙碌。一个儿子一直没有工作；一个女儿离婚，带着 3 个孩子，无处投奔，只好同父母吃住在一起。这种情况，在美国（甚至在中国）是很少见的。

尽管家庭生活窘迫，约翰对海伦姑妈念念不忘，对中国人民非常友好。他于 1988 年、2007 年和 2016 年，先后三次来陕西参加海伦·斯诺纪念活动（几次旅华费用，都是他的堂姐夫加瑟·毕绍福帮助支付的）。我多次去盐湖城访问，他都会热情地出面接待，尤其是 2013 年、2014

约翰·福斯特在盐湖城郊区的住宅远景

年、2017 年、2019 年陕西
省斯诺代表团访问盐湖城期
间，为了给中国朋友节省旅
费，他出面为代表团租用面
包车，并亲自驾驶，陪同代
表团参观；每次还同家人一
起，设宴招待来自西安的
"海伦·斯诺代表团"。

2013 年，我访问盐湖城
和普罗沃期间，他第一次邀
请我到他家做客，我高兴地

约翰·福斯特在盐湖城郊区的住宅近景，门牌号是
1907

答应了。他从盐湖城驾车，大约行驶了 40 多分钟，就到了他的居住区。

放眼望去，一排排树木林立，大片的草坪，在一座座光秃秃的山丘包围下，显得格外翠绿。通往居住区的马路又宽敞又平坦。我简直无法想象，18世纪那些开拓者们，如何把一个大沙漠改造成一片绿洲！

到了住地，约翰领着我向他家走去。突然，我被约翰家的门牌号码惊呆了，几乎要喊出声来！我问约翰，"你购买这座住宅时，是特意挑选的，还是偶然碰到的？"

约翰说："没有特意挑选。这儿距离市中心较远，环境清净，道路也好，来往很方便，主要是房价比较便宜，我就买下了。"

"你没有考虑这座住宅的门牌号码吗？"

"怎么？你们在中国选择住宅，还要挑选门牌号？"

"您没有刻意选择就好！"

"安危，你这是什么意思啊？"约翰问道。

"这是天意啊！怪不得你那么喜爱你的姑妈！"

"什么 Providence？"约翰惊奇地问我。

"1907，海伦生于1907年呀！"我这么一说，约翰似乎恍然大悟，立即把房子和门牌号拍了下来……

11.11 和 1.11

海伦·斯诺出生在犹他州雪松城（Cedar City）。这是犹他州南部一座美丽而年轻的小城市，冬天不冷，夏天不热，向南驱车两小时，就是有名的赌城——拉斯·维加斯。不少名人富豪，夏天来雪松城避暑，同时参加这里举行的一年一度的"莎士比亚戏剧节"，欣赏来自世界各地的精彩戏剧演出。

1997年5月，谢莉尔和丈夫毕绍福先生驾车，我们一起从加州 Riverside 出发去盐湖。路过雪松城时，造访了南犹他大学（SUU）校长杰拉德·谢拉特（Gerald Sherratt）先生，谢莉尔还向他赠送了一本刚出版的《架桥——海伦·斯诺生平画传》。

谢莉尔后来告诉我，谢拉特校长看完画传后，认为海伦·斯诺是一位了不起的女性！谢校长还说，他的姑母、姑父是谢莉尔的母亲蓉玛·奈特（Roma Knight）和继父内维尔·奈特（Newell Knight）的朋友，早在1987年，他从他姑母那儿就听说海伦·斯诺的故事了。

雪松城始建于1851年11月11日。10年前担任SUU校长的杰拉德·谢拉特先生，2001年已荣升为雪松城的市长。他提议并经市议事会决定：2009年庆祝雪松城建城158周年的时候，将在市中心花园竖立海伦·福斯特·斯诺的全身雕像，举办"海伦·斯诺国际研讨会"以及"海伦·斯诺日"纪念活动。应谢拉特市长的邀请，中国国际友人研究会副会长舒暲、北京大学斯诺研究中心秘书长孙华及夫人王芳及笔者出席了系列活动。笔者在研讨会上做了题为《中国人心目中的海伦·斯诺》的主旨发言，并应邀在庆祝大会上讲话。

在雕像揭幕环节时，我对谢拉特市长说："海伦日"及雕像揭幕，安排在庆祝雪松城建城158周年的日子，非常合适，很有意义！你们的建城纪念日是11月11日，是"四个1"；海伦·斯诺是1997年1月11日在睡梦中逝世的，日期是"三个1"。在建城158周年的庆典中，雪松城历史上最伟大的女性，梦回故里！这是"天意"！我没想到，这番逗趣的话，竟然赢得了一片掌声。

是的，在雪松城历史上，海伦·斯诺是首屈一指的伟大女性，是

1997年，我们路过雪松城，谢莉尔给杰拉德·谢拉特校长赠"画传"

2009 年 11 月 11 日，竖立在雪松城中心公园里的海伦·斯诺的雕像

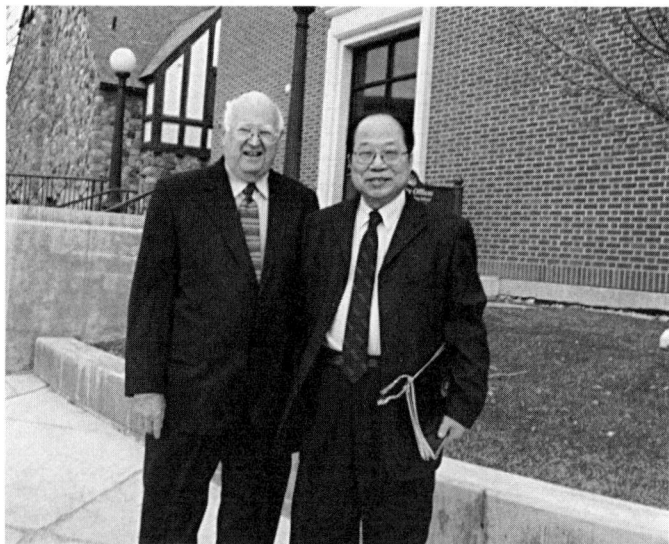

2009 年，杰拉德·谢拉特市长与作者在雪松城市政厅院子里的合影

创建"工合"的元勋，是两次荣获诺贝尔和平奖提名的社会活动家，是在中国首都人民大会堂举行追悼会的第一个美国女性，是中美两国人民特殊友谊的象征……

位于市中心十字路口的海伦·斯诺全身雕像，如今已成为雪松城的标志，成为该市人民的骄傲，成为雪松城一个靓丽的旅游景点。

在离开雪松城的前一天，杰拉德·谢拉特市长在他的办公室单独接见了我，同我进行了热情友好的交谈。我们一起探讨了南犹他大学与中国开展文化教育及人员交流的可能性。我向他介绍了陕西省斯诺研究中心的简况，以及我们开展的两年一次的"海伦·斯诺翻译奖"竞赛活动的情况。他代表市政府和全市人民，授予我雪松城"荣誉市民"的称号。

60 年后再会毛泽东

1997 年 1 月 11 日，海伦·斯诺在睡梦中平静地辞世了。1 月的新英格兰地区，气候寒冷，漫天冰雪。当地法律规定，每年的 11 月到下一年的 3 月，墓园关闭，不能进行安葬和祭奠活动。谢莉尔夫妇决定春天来到时，为海伦举行隆重的葬礼，邀请美国、中国、日本和韩国的朋友参加。这就需要一个较大的室内场所举行。经与麦迪逊大教堂联系，只有 5 月 2 日那一天，尚无大型活动安排，可以使用。

1997 年，毕绍福一家同作者、雪莲一起向海伦作最后的告别

　　5月2日，各国政要、学者及海伦的生前友好100多人，云集麦迪逊教堂，为海伦送行，缅怀海伦的历史功绩。出席追悼会的有美国国会议员、政府官员、友好团体负责人、中国驻美国大使李道豫及驻纽约总领事邱胜云。全国人大常委会原副委员长、海伦的挚友黄华及夫人何理良，从北京专程赴麦迪逊参加追悼会，发表了感人肺腑的悼词，并亲自去墓园向老朋友作最后的告别。

　　追悼会及安葬仪式完毕之后，谢莉尔夫妇在雪莲家的海滨别墅，举行了一个小范围的"画传发赠仪式"。黄华等贵宾给美国朋友新书上签字留念的时候，我联想到海伦1937年的延安之行。我突然想起：5月2日（中国时间5月3日），不正是海伦1937年在延安第一次见到毛泽东主席的日子嘛！60年后的今天，海伦去天堂，又要与毛泽东相会了！

　　在延安4个多月期间，海伦在各个不同场所，同毛泽东多次见面，她正式采访毛泽东有5次。毛泽东对海伦提出的一系列问题，大加称赞，还说："你有什么问题，都可以提出来。这些问题，也是中国广大人民群众想要知道的。你提问，我回答。我们可以出版一个小册子《'中国革命向何处去'问答》。"

　　海伦对毛泽东印象特别深刻，认为他是天才，是天生的领袖。她把毛泽东列为世界10大伟人之一。海伦1972—1973年第一次访问新中国，去湘潭、长沙调查访问一个多月，这是她几十年来梦寐以求的一次访问。回国后，撰写了《毛泽东的故乡》一书。那次访问期间，她考虑到中国国内的情势，没有提出会见毛泽东的要求。她离开北京的第二天，毛泽东给她写了一封信，派专人送到长沙，感谢她的著作《走进红色中国》，祝愿她旅华愉快，欢迎她常来中国。1978年海伦再次访华，却再也见不到毛泽东了。

　　海伦葬礼的日子，不是她的侄女谢莉尔选择的，也不是教堂刻意决定的。1997年5月2日，海伦·斯诺入土为安。这又是"天意"！整整60年后，海伦在天堂再会毛泽东，似乎也成为"合情合理"的事情了。

9 月 21 日

1937 年 11 月，海伦·斯诺在上海目睹了战争难民及伤兵，挤满上海华阜的大街小巷，教会和慈善组织用"打起施粥棚，施舍一碗粥"的办法帮助难民，她说："这根本解决不了问题！也无法支援前线抗日的战士！必须把他们组织起来，开展人民的生产运动。"1938 年中国工业合作社协会在武汉成立，一场轰轰烈烈的工业合作社运动在全国开展起来，为支持抗日战争的最后胜利作出了重要贡献。

海伦·斯诺认为，合作的思想，是不同思想观念、不同社会制度之间的桥梁，也是从基层建设民主协商制度的好办法。二战后，工业合作社及各类合作组织在印度、日本、美国、苏联、埃及等国家兴起。在印度，海伦被誉为"工合之母"；"工合"的理念，与中国政府"合作共赢"的政策一脉相承。

1981 年，海伦·斯诺两次被提名为诺贝尔和平奖的候选人。根据诺贝尔的遗嘱，和平奖

1972 年，印度授予海伦·斯诺"工合之母"的称号

应该奖给"为促进民族团结友好、取消或裁减常备军队以及为和平会议的组织和宣传尽到最大努力或作出最大贡献的人"。1981 年的诺贝尔和平奖授予了"联合国难民署",海伦最终没有获奖。但令人更加兴奋和激动的是:1981 年,联合国一致通过决议,把每年的 9 月 21 日定为"国际和平日"(The International Day of Peace),为全人类提供了一个全球共有的日期,以致力于和平,超越所有分歧,并为建立和平文化作出贡献。

9 月 21 日——海伦·斯诺的生日。这又是"天意",是"命里注定"的日子。海伦的一生,是为中华民族的独立解放、促进中美人民友好事业的一生,是为世界和平而奋斗的一生!

萧乾推荐我写海伦

海伦·斯诺的名字，在 20 世纪 70 年代极少为人所知。她 1978 年重访中国后，才逐渐进入中国读者的视线。

1979 年，我翻译了她访华散文《保安行》，在《延河》文学期刊当年 10 月号上发表。著名作家萧乾和丁玲，分别于 1980 年、1981 年在美国造访了海伦。萧乾在加拿大《中报》周刊 1980 年第 7 期，发表了《斯诺夫人海伦访问记》；丁玲在 1982 年 3 月 7 日《人民日报》发表了《海伦的镜子——会见尼姆·威尔士女士》。丁玲和萧乾的文章，在国内外产生了强烈的反响，引起国内平面媒体及出版界的关注。

1984 年初，上海文艺出版社决定编辑出版一套丛书《女兵列传》，向年轻一代进行革命传统教育。要求是：既有史料价值，又可作为文学读物。凡在国内革命战争和民族解放战争中的女兵，参加过北伐、长征、苏区和解放区军事活动者，都在征文范围之内。出版社竟然把海伦·斯诺也列入其中！海伦在国外，出版社无法联系。找谁撰写她的故事呢？出版社编辑吴金海通过熟人，向著名作家萧乾约稿。萧乾当时很忙，又要赴欧洲三国访问，就向吴金海推荐笔者撰稿。为了让出版社放心，萧乾还专门写信，强调"安危是海伦·斯诺的朋友，正在翻译海伦的传记"。

6 月下旬，我接到上海文艺出版社的约稿信（1 万字，1 个月之内交稿），我既高兴，又难为情。我在省外办工作，那时正是外事活动最繁忙的季节，访华团一个接一个，出版社要求交稿的时间又很急迫。但是，为了海伦，我还是答应了。白天东颠西跑，忙忙碌碌，搞接待、做口译；晚上加班加点，撰写海伦的故事。《逃往延安的美国人》计约 1.5 万字，就是在这样的环境下完成，并按时向出版社交稿。吴金海及时回信，还夸奖我"写得精彩极了"！并编入丛书第一集。

这是我生平第一次应约撰稿，竟然成功了！回忆青年时代走过的道路，我常常在想：如果没有海伦·斯诺、哈里森·索尔兹伯里、韩素音、丁玲、萧乾等前辈的鼓励和引导，我能否走上翻译、研究、写作的道路，是值得怀疑的。对初学写作的年轻人，名家的鼓励和推荐是很重要的！事实再次证明，海伦·斯诺的一贯主张是正确的：寄希望于青年一代。我自己是这一教导的受益者；我也把这句话作为自己后半生的座右铭。

附：吴金海 1984 年 5 月 10 日给萧乾的信

萧乾同志：

您好！

读《读书》84—2 期上《海伦·斯诺在回忆》一文，我们深受教益。正好，我社拟编《女兵列传》，打算收进海伦·斯诺的传记。我们打算请您直接从英文版的《我在中国的岁月》（My China Years）中，给我们编辑一万字左右海伦的材料，不知您能不能帮忙？

海伦对中国革命有过贡献，我们不该忘了她。可是，她现在不在中国，向她本人约稿有困难。请不熟悉海伦的同志来撰写，也有失慎重。她的自传，目前又无中译本。在无可奈何之下，我们只好向您求援了。希望不要推辞，帮助帮助我们。具体要求，我们的约稿信上均有，现寄上一份，供编辑时参考。燕子同志向您问好。静候佳音。

此致

敬礼！

吴金海 84.5.10.

1984 年 5 月 28 日，萧乾给吴金海的短简

金海同志：

　　信收到。我推荐安危同志为你们写关于海伦·斯诺一文。他是海伦的老友，又是《我在中国的岁月》译者。

　　敬礼。

萧乾 5 月 28 日

吴金海 1984 年 6 月 14 日给安危的信

安危同志：

　　您好！

　　大扎示悉。得知萧乾力荐您为我们撰稿，且您也欣然允诺，不胜高兴。海伦女士为中国革命贡献过力量，我们忘不了她，她的传我们收定了。

　　目前您既然事忙，不妨推迟到七月中旬交稿亦可。如再不成，七月下旬交稿也成，我们没有异议。别人写海伦没您熟悉，此事只有靠您玉成了，先此致谢。

　　另，我们准备刊用照片，如您处有海伦的照片，特别是她戎马生涯的照片，亦望借用一下，待我们制好版之后，完璧归赵。如您处没有，请拨见示复，我们可早日另行设法。

　　此致
敬礼！

吴金海 6 月 14 日

吴金海 1984 年 8 月 6 日给安危的信

安危同志：

　　您好！

　　大作《逃往延安的美国人》，我已拜读。写得精彩极了。不仅文章美，字也美，卷面也美。除了结尾部分我打算略作整理，去掉和海伦无关的枝蔓外，均可不动。您的稿子，是我编辑此丛书最省力的稿子。您费心了，谢谢！

　　此外，丛书中我们打算每个传主前面附一份千字不到的简历。海伦的简历，我想还是您写较合适，劳驾您再辛苦一下。您对海伦较熟，想必不会太费事。

　　原打算八月份发稿，现在因许多大姐受不了酷热，稿子纷纷推迟，我们只好往后挪一个月，九月发稿。海伦放第一册，望能协助。

　　此致
敬礼！

吴金海 84.8.6.

拜访冰心谈海伦

1986 年 9 月，我带着 6 个大纸箱，从美国回来了。12 月举办了"国际友人与西安事变"报告会。1987 年，注定成了我一生中最忙碌的年份之一。

年初，鲁迅 1936 年 5 月与斯诺谈话纪要的披露，引起全国文学界的关注和兴趣；三月，《工合之初》在上海"三 S 国际研讨会"的发表，揭示了海伦·斯诺才是中国工合运动的始作俑者；紧接着的《伟大的女性——海伦·斯诺在中国》图片实物展览，以及"海伦·斯诺 80 华诞暨访问延安 50 周年"系列庆祝活动，引起了官方媒体的注意。就这样，从年初一直忙到了 10 月。

9 月下旬，我陪同前来参加庆祝活动的"中国之友"访华团一行 18 人去北京，在人民大会堂受到黄华副委员长的接见。送走美国访华团之后，在北京多待了两天，参加提前安排好的两个活动。9 月 25 日，出席了在人民文学出版社举行的"鲁迅和斯诺谈话专题座谈会"。老作家楼适夷、唐弢、卞之琳出席并讲话（萧乾、臧克家做了书面发言），人民文学出版社社长陈早春、《新文学史料》主编牛汉主持了座谈会。

第二天，在人民文学出版社张小鼎同志陪同下，看望了我仰慕已久的冰心老人。她是海伦·斯诺的老朋友。听海伦讲，她 1935 年写过一首长诗，题目是 Old Peking，当时有两个中国人曾经把这首诗翻译成中文，其中一位，就是她的朋友冰心女士。海伦曾问我，"你知道不知道冰心？"我说，我从小就读过她写的文章，孩子们都知道她是大作家。

冰心老人在她的书房里接见了我。她的书房很朴素，最引人注目的是她的书橱，摆满了各种名著及她的著作，还有吴文藻先生的照片。张小鼎同志向老人介绍了我，还向她简要汇报了昨天座谈会的情况。为缩短会面时间，我寒暄了几句，就直接向冰心老人请教她与海伦·斯诺交往的情况。

冰心说，1935 年埃德加·斯诺来燕京大学新闻系任教。那时，吴文藻是法学院院长，他们曾设家宴为斯诺夫妇接风，由新闻系主任梁士纯先生和夫人游赞真作陪。当时，斯诺夫妇很年轻，很有才华。海伦尤其活泼俏丽，灵气逼人。大约在 1936 年 2 月，冰心曾到过他们在军机处的住宅。就在那次见面时，海伦给了冰心一本 1935 年 12 月号的 *ASIA* 月刊，上面有海伦写的那首长诗 Old Peking，她用的笔名是 Nym Wales。

冰心接着说，其实她在 1 月 13 日出版的《北大周刊》上看到过这首诗的译文，不过，有误译之处，诗人义愤填膺的那种情绪，也没有完全表达出来。冰心说："出于与诗人同样的心情，我一口气把这首诗翻译了。我的译文，也有不足之处，要求梁实秋再把关、再修改，他后来在《自由评论》上发表了。"老人家还告诉我，她两周前写了一篇短文，交代了翻译这首诗的经过，《文艺报》说要发表，已经交给他们了。

我问冰心老人："70 年代以来，海伦·斯诺两次重访中国，您与她见过面吗？"冰心说："1972 年海伦访问北京时，我们见过面，她送了我一本她写的 *Inside Red China*（《续西行漫

1987 年，作者拜访冰心老人

记》），书中还夹着一张她的'近照'。虽然不像年轻时那么风采照人，却在她微胖的脸上，充满着热情的微笑。"

附：海伦·斯诺忆冰心（摘录）

我参观了来自 50 个少数民族、1200 名学生的民族学院。我之所以参观这所学校，还有一个目的，就是想见见当年在燕京大学执教时和我认识的冰心女士和她的丈夫吴文藻。他俩现在都在民族学院。吴文藻是人类学家，在那里教研究生。学院大楼落成于 1951 年，从那一年到1966 年已有毕业生 9300 人。

冰心女士和一群穿着节日民族服装的少数民族学员，在门口迎接我。年已 72 岁的冰心，穿的是平常的中山装。她身材瘦小，头脑聪慧，思维敏捷，讲一口在美国学校里学的流利的英语。室内并不暖和，但是她穿着长裤、上装似乎挺舒服。

"你看上去身体很好，精神也愉快，我很高兴。"我说，"我在 30 年代认识你的时候，你不但是中国最著名的女作家之一，也是最美的女性之一，不过那时你身体不好。"

"是的，我现在比从前愉快，身体也很健康。我有时去清华洗温泉澡。我们的 3 个孩子都生活得很好。儿子是建筑师，两个女儿，一个在外交部工作，一个在民族学院教书。"

"我还有你的一封信，是很久以前的事了，那时，你的丈夫在国民党驻东京大使馆工作。我知道你们已决定回中国。你最近一次到美国是什么时候？"

"自 1936 年以后，我就再也没有到过美国。1950 年，我本打算去出席一个妇女界的和平会议，但那时不允许我们入境。"

我听了介绍。类似这样的学院或学校在一些少数民族地区也有。这个民族学院分如下几部分：（1）培养干部的速成班；（2）政治系，学习毛泽东思想以及中国共产党对少数民族培养的政治方针；（3）语言系，目的是培养译员，分5门专科，即藏语、蒙语、朝鲜语、维吾尔语和哈萨克语；（4）文艺系，分音乐、舞蹈、美术3门专科，以便各少数民族按照本身的特长选修；（5）文化教育课，主要是学汉语和提高学生的文化水平，为学员到本校的其他系科学习打基础。有些学员的文化水平提高后，也有到其他学校上学的。干部培训的学制是1年到1年半，其他学科目3年。

我举目四顾，地上铺满了地毯，墙上挂着少数民族现代风格的绘画。整个气氛不但是现代的，而且是西式的。

学员来自全国各地。"招生用什么方式呢？"我问道。"学院发出通知，由国务院把它传达给各自治区，并且说明入学条件。少数民族每个省都有，但主要集中在贵州、内蒙古、新疆、西藏、广西、青海和黑龙江（吉林）。这个学院的一切费用，都是由国家负担的，包括食宿费、学费等等。"

冰心说："毛主席和党中央十分关心这个学院，毛主席曾14次接见这里的师生。还有董必武、周恩来、朱德等国家领导人，曾来我们学院视察过。"

一位学员说："我们学员很高兴能到这里来。我们学习努力，也很团结。我们正在进行教育革命，不过，还在试验阶段。过去这里是从高中招生，现在是从工农兵中间招生，包括已从事过两年生产劳动的人。从前学制是5年，现在是3年，不过我们还在实验中。在这个阶段，问题当然是有的。我们必须努力学习，以求理解毛主席的教育路线，改进教学。"

"我1937年访问延安的时候，曾经参观过那里的少数民族学校，还给罗罗族、蒙族、满族和藏族的人拍了照。"说着，我取出几张照片，作为礼物送给民族学院。

——摘自海伦·斯诺著《重返中国》（*Return to China*）

工合！为海伦呼喊

1985 年以前，我总以为海伦·斯诺的最大贡献，是她的名著《走进红色中国》（即《续西行漫记》）。然而，我错了——犯了一个"捡了芝麻，漏掉西瓜"的错误。1985 年 9 月至 1986 年 9 月，通过与海伦本人多次深入的交谈、聊天，广泛接触到她保存的手稿、信件、图片及历史文件，我才认识到她不仅是一位出色的新闻记者、杰出的作家、了不起的诗人，而且还是一位走在时代前面的预言家和思想家。但海伦本人似乎不完全赞成我的这个结论，她说：

> 我一生大部分时间，致力于"工合"运动，1938 年在中国发起和支持"工合"，1942 年向尼赫鲁总理提供了一本"工合"手册，使他在印度发起了"工合"运动。后来，我不仅为中国，而且为所有新兴国家"工合"运动的发展，一直不惜牺牲"自己的工作"，因而毁掉了自己的写作。
>
> 但是我坚信，工业合作却是一切新兴国家通向工业化，通向未来的桥梁。

海伦认为自己没能实现她童年的理想，成为大作家，撰写出美国历史上一部宏伟巨著。她 1936 年 10 月 3 日在西安采访张学良少帅，在伦敦《先驱日报》发表的独家新闻，以及她在事变发生后一系列正本清源的工作及新闻报道，为和平解决西安事变、促成抗日民族统一战线的形成作出的独特贡献，海伦倒是默认了。她很渴望她的著作，能在中国多翻译、多出版几本。

1986 年 9 月回国后，我向省委外宣办建议，为纪念西安事变 50 周年，于 12 月上旬举办了《西安事变与国际友人》报告会，第一次公开了海伦·斯诺当年采访张学良的细节，"预报西安事变的女记者"一文，成为当年引人注目的新闻。海伦的挚友，当年与史沫特莱一起在现场报道西安事变的詹姆斯·贝特兰到访西安，又把海伦·斯诺带入人们的视线。

1987年3月，中国三S研究会在上海举办国际学术研讨会，我提交了一篇论文《"工合之初"——海伦·斯诺在中国工合运动中迄今尚未披露的特殊作用》，第一次提出"工合的主意，是海伦·斯诺首先提出来的，她是工合运动的发起人之一"。出席会议的"工合"老前辈，对这一历史事实，以难得的沉默表示认可。三个月之后，海伦才看到这篇长达15页的文章，非常激动，给她的朋友们写了一封公开信（见附件），信中写道："从'工合'开始的1938年到1952年直至后来的岁月里，我为此奉献了我的金色年华。但令人奇怪的是，我付出了如此巨大的努力，却从未被人们提及。……我被忘却了49年后的今天，能碰到安危我真的非常惊喜，是他唤醒了我埋藏心底多年的成名欲望。"

海伦是中国人民患难与共的朋友，为抗日战争的胜利作出了不可或缺的贡献。1987年夏天，《伟大的女性——海伦·斯诺在中国》图片实物展览在西安八路军办事处纪念馆开幕，以纪念她延安之行50周年及80华诞。成千上万的参观者络绎不绝，引起她昔日朋友们的关注和官方的重视，国内首次出现了前所未有的"海伦·斯诺热"。

埃德加·斯诺1939年写道："工合是尼姆脑力劳动的产物。……要不是她独到思想的正确，要没有她的坚定不移和积极热忱的精神，工业合作运动就根本不会发生。"路易·艾黎也写道："1937年最大的问题之一，是如何在内地为抗日战争发展足够的经济力量。埃德的妻子佩格说，'必须开展一种人民的生产运动。欲达此目的，唯一的途径是让人民自己组织、自己管理，把他们的生产单位统统联系起来。工业合作社就是答案！'埃德同意了，并且详述了种种可能性。根据他们的意见，我回家修改了我所制订的计划。"爱泼斯坦说："对于饱受战乱的中国人来说，'工合'运动是一条有效的集体自助之路，不仅为抗日战争提供了大量军用和民用物资，而且在国际上创造了备受尊敬的自力更生的形象。"

二战期间和二战之后，"工合"风靡世界，"工合"成为人们的口头语，成为鼓舞人心、团结奋斗的一个词汇，被写进英语辞典。由于"工合"对世界和平事业所作出的贡献，海伦·斯诺于1981年首次获得诺贝尔和平奖候选人的提名。

"工合"起源于中国，"工合"的遗产应该传承。1989年1月24日，我给中国工合国际委员会的贝蒂写信，建议翻译出版《中国为民主奠基》；给爱泼斯坦副主席写信，建议筹备召开"工合研讨会"，但因客观条件还尚未成熟，这两条建议就被搁置起来了。

当时，斯诺研究在国内已经成为气候，斯诺被认为是世界新闻史上的明星、中美人民友谊的象征。斯诺的光环遮蔽了当年"两人工作队"的另一半，其主要原因是1949年两位斯诺的离异，国内学界用中国传统的观念，理解斯诺与海伦的分手。所以，清除障碍，还原真实，便成为海伦·斯诺研究工作的"当务之急"。1992年11月，在武汉举行的斯诺国际研讨会上，笔者按捺不住激愤的心情，公开了历时10年撰写的论文《斯诺婚姻之谜》——斯诺婚姻是非常成功的，他们的结合，创造了不少奇迹，改变了世界；而离异也是非常必要的，他们为事业、为爱而分手，成就了他们各自想做而长期得不到实践的事业。"斯诺婚姻之谜"，成为当年国内主流媒体争相转载的新闻。

舍近求远，往往是失败的根源。从"工合"入手的机会终于来到了！1992年冬，经笔者的老同学师延福（时任宝鸡市对外友协秘书长）穿针引线，宝鸡市委书记纪鸿尚约我在宝鸡见面。他说："中央要求我们加大对外开放的力度，宝鸡因客观原因，在这方面落后于其他地区。你是咱宝鸡人，在省府搞外事，对外联络广，能否帮助咱宝鸡走出去？"我说，宝鸡早在1938年就对外开放了，美国人、英国人、新西兰人，都来到宝鸡，通过建立工业合作社，帮助我们发展战时地方工业。只要我们打起"工合"

的旗帜，对外开放的速度和规模，就不用发愁了。我们当即确定下三项具体计划：1993 年夏季，在宝鸡举办一次"工合"国际研讨会；秋季，宝鸡市政府代表团出访美国五个城市；1994 年上半年，宝鸡七一厂考察澳大利亚钛业生产。这三项计划，都如期顺利完成了。

1993 年 8 月的"宝鸡工合国际研讨会"，来自美国、日本、埃及和国内 60 多位嘉宾和专家出席，还举办了首个"工合图片展览"，首次恢复了路易·艾黎、乔治·何克在双石铺的旧居。这次研讨会很成功，影响很大。通过这次活动，也促进了陕西省工合协会的巩固和各项工作的开展。

为纪念海伦·斯诺诞辰 100 周年，陕西省斯诺研究中心于 2007 年 9 月举办了规模宏大、影响深远的"车轮上的国际研讨会"，60 多位中外嘉宾乘坐两辆旅游大巴，沿着两个斯诺西北之行的路线，从西安出发，经三原、泾阳、洛川，到访延安、保安、宝鸡、凤县，代表们一路上交流各自在斯诺研究方面的新发现、新观点、新收获。在著名的"工合城"宝鸡，举行了海伦·斯诺关于"工合"运动的专著《中国为民主奠基》中译本的出版发行仪式。宝鸡市从官方到民间，"工合"的历史故事、"工合"的合作理念，广泛地深入民心。

10 年后的 2018 年，中国工合纪念馆在双石铺建立起来了！一支青年翻译家、工合研究专家的队伍，在"工合城"宝鸡形成了！西北工合研究中心就要挂牌成立了！宝鸡文理学院与西安出版社携手合作的协议签订了！"努力干，一起干"的工合精神复活了！

海伦和埃德加·斯诺一定欣慰地微笑了！

路易·艾黎和乔治·何克一定满意地微笑了！

宋庆龄、卢广绵等工合先辈们一定骄傲地微笑了！

因为"工合"精神的继承者们在丝绸之路上，朝着一个宏伟的目标奋进！

附件：海伦写给朋友们的公开信

"海伦·斯诺在中国工合运动中迄今尚未披露的特殊作用"，是安危 1987 年 3 月 4—6 日在上海国际研讨会上一次讲话的标题。这个讲话长达 15 页。安危的地址是：中国西安解放路 272 号，电话：710309，这是陕西省人民对外友好协会的地址。自 80 年代以来，安危一直是这个组织的领导。我 1978 年率领电视摄影组访华时，就是他接待的。自那时以来，他翻译了我几本书。让我吃惊的是，他和他的朋友们（如黄华）从 1987 年 7 月 10 日至 10 月底，在西安举办了有关我生平的图片展览，庆祝我的 80 岁生日（我是 1907 年 9 月 21 日出生）以及我 1937 年的延安之行 50 周年。

"现在正是 9 月，我们总是在此时想到西安"。我 1937 年 9 月在西安；1978 年 9 月、10 月在西安；1936 年 9 月底、10 月初我也在西安，当时，埃德加·斯诺正和红军在一起。

我被忘却了 49 年后的今天，能碰到安危我真的非常惊喜，是他唤醒了我埋藏心底多年的成名欲望。自 1938 年以来，我一直相信"工合"思想将会在第三世界国家广为传播，它是发展不平衡国家与国外关系之间最好的桥梁。自从我不得不萌发这个念头并重新创造了"工人自助工业生产合作社"（这是我给"工合"起的第一个名字）以来的 49 年中，我的思想一直摆脱不了这种迷茫，也一直在努力在各种场合推广"工合"观念。"工合"1952 年停办时，我是"工合"美国委员会的最后一任副主席。我 1981 年恢复了这个委员会，不仅仅是为了中国，而是为了任何一个需要工业的第三世界地区。"工合"，是一座跨越内战或陷于瘫痪状况下的桥梁。自从 1938 年以来，"我自己的工作"（我想成为一个大作家）被"工合"的念头永久性地损害了，耗去了我一生中最主要的时间和精力。

我不仅在中国而且也在印度开创了"工合"，尼赫鲁 1942 年出版了我关于"工合"的著作，并以它为教科书在印度创办了 5 万个"工合"合作社。1938—1939 年，埃德加·斯诺和我还将"工合"思想介绍到菲律宾。如今，阿基诺总统也赞助类似的工业合作社。历史上被称作的"工人合作社"，已经在非洲和拉丁美洲兴起，也在其他一些国家兴起，在赈灾济难中发挥了特别重要的作用。

自安危 1987 年 3 月在上海打响了第一炮之后，西安的展览于 7 月 10 日开幕，在介绍中称我"首先提出了工合的主张，特别是把难民组织起来"，等等。

接着，美国首次公开了"工合"的故事：7 月 26 日《纽约时报》的"论语言"专栏，蒂姆·康西丁替代了岗凡尔，向读者讲述"工合"这个词是怎样从汉语的"工业合作社"演变而来并进入英语词典的（"工合"最初被用作我们的电报代码）。文章说，"一位年轻的美国作家海伦·斯诺使人们相信，一种小型的'合作'制度是很需要的……斯诺夫人及丈夫埃德加·斯诺……得到路易·艾黎的支持"。接着，谈到电影《工合!》、美国海军陆战队以及埃文斯·卡尔逊如何把"工合"作为海军陆战队的战斗口号。埃文斯·卡尔逊曾担任我们全国委员会的副主席。

我一直很谨慎，即使在我 1984 年出版的《我在中国的岁月》（莫诺出版公司）中，也只是说"我们三个人"发动了"工合"运动。一个年仅 20 多岁的年轻女子，在诸如中国、印度这样急需工业的国度里发动这样一场工业革命，的确是一段并非逊色的历史。根据《我在中国的岁月》一书，美国哥伦比亚广播公司有可能制作一部电影，这对那些缺乏"工合"精神的年轻一代，无疑会有所帮助。1975 年，罗纳德撰写了《中国工合运动》（密执安尼克菲尔姆大学出版），他的结论是：海伦·斯诺是"工合运动的创始人和奠基人"。那就意味着从"工合"开始的 1938 年到 1952 年直至后来的岁月里，我为此奉献了我的金色年华。但令人奇怪的是，我付出了如此巨大的努力却从未被人们提及。

海伦·福斯特·斯诺

1987 年 7 月 28 日

"GUNG HO"
WORK TOGETHER

AMERICAN COMMITTEE FOR INDUSTRIAL COOPERATIVES

July 28, 1987. "THE HITHERTO UNTOLD ROLE OF HELEN FOSTER SNOW IN THE CHINESE INDUSTRIAL COOPERATIVE MOVEMENT,"

This is the title of a talk by An Wei at the Shanghai International Symposium held March 4-6, 1987. It is 15 pages and An Wei's address is 272 Jiefang Road, Xi'an, China phone 71-030 This is the address of the Shaanxi People's Association for Friendship with Foreign Countries. An Wei has been director of this provincial organization during the 1980's. He took care of my television tour in 1978 and since then has translated several of my books. I was surprised to learn that he and his friends (such as Huang Hua) organized an exhibition of my books and papers in Sian from July 10 to the end of October, 1987, to celebrate my 80th birthday on September 21, 1987 (I was born in 1907), and also my trip to Yenan in 1937, 50 years ago. "Now in September we'll always remember Sian⁴—I was there in September and October in 1937, 1978 and earlier in 1936, when Edgar Snow was still with the Red Armies.

I was really surprised to find An Wei resurrecting my long-buried chief claim to fame -- this year after forty-nine years of near oblivion., except in my own mind where I have believed since 1938 that the Indusco Idea will spread all over the third world as the best bridge between internal uneven levels of development and external relations. Since I had to cook up this idea and reinvent the "workers' self-help industrial producer cooperative society," which was the first name I used for it, my mind became obsessed with it all during the past 49 years and I have continued to try to promote the Idea in various situations. As the last vice-chairman of the above letterhead committee when it closed in 1952, I revived it in 1981, but not for China only, for any third world area in need of industry and a bridge over civil war or paralyzed conditions. Since 1938 "my own work" (I intended to become a Great Author) was permanently harmed by this fixed Idea taking over my prime time and energy.
in 1942
Not only did I start Indusco in China, but also in India where/Jawarhalal Nehru published my book on Indusco and used it as the textbook to start 50,000 co-ops in India. Also in 1938-1939 Edgar Snow and I introduced the idea in the Philippines, where today President Aquino sponsors similar co-ops. Many "workers' cooperatives," as they are historically called, have been started in Africa and Latin-America, as well as other continents, especially for refugee relief.

Following An Wei's breaking of the ice in March, the exhibition opening on July 10, 1987, in Xi'an, introduced the subject in the committee's introduction addressed to me: "You initiated the Idea of Gung Ho, organized refugees," etc.

Next the United States came to life for almost the first time on the story: The New York Times Magazine on July 26, 1987, in Tim Considine's "On Language" column substituting for Safire, he told how the term "Gung Ho" got into English dictionaries from our Indusco term in Chinese meaning "work-together," or "gung ho." (Indusco was our cable address.) He says: "A young American writer, Helen F. Snow, became ;convinced that what was needed. was a system of small cooperatives...Mrs. Snow and her husband, Edgar Snow...enlisted the help of Rewi Alley." He then tells of the movie "Gung Ho," of American Marines using this term as the battle cry of "Carlson's Raiders" (Evans F. Carlson was vice-chairman of our national committee above.))

I have always been careful to say "we three" started the Gung Ho Indusco movement, even in my book of 1984 (Morrow), MY CHINA YEARS, but it is a much better history that a young woman almost in her 20's could activate such an industrial revolution in nations so desperately needing it as China and India. The option for a film ob My China Years by CBS would be improved for a young generation lacking the "gung ho" spirit. D.R. Reynolds wrote the first history of "The Chinese Industrial *Helen Foster Snow* Cooperative Movement," in 1975 (University Microfilms, Ann Arbor, Mich₁₈ *Mungertown Road* His summation was that Helen Foster Snow was "originator of the idea and cofounder of the movement." It meant using my prime time from 1938 to 1952, however, and *Madison, Conn. 06443* afterward. It is really stran that nothing is indicated of the immense (---) ------effort put forth by me.

海伦写给朋友们的公开信

《海伦·斯诺之歌》是怎样诞生的

　　1986 年夏天，在我们的谈话中，海伦多次谈到儿童演员刘炽，谈到他们 1937 年夏天在延安一起唱歌、跳舞、交谈的情况，谈到她对刘炽的印象。海伦说："刘炽很聪敏、机智，有才华、爱学习、说话幽默、对人和善友好。"她还把刘炽 1978 年、1979 年写给她的两封信让我看。我说，我知道刘炽，会唱他创作的好几首歌曲，但没见过他的面。海伦要我与刘炽联系，代她问候。

　　1986 年 9 月回国前夕，海伦又告诉我：回到北京后一定要和刘炽联系。她的好朋友 Lea Haimowitz 的丈夫 Ely Haimowitz 是位钢琴家，1987 年 4 月要去中国旅行，还想搞三两场个人独奏音乐会。海伦建议伊里（Ely）一定要去上海、北京和西安。海伦要我为伊里安排行程，请刘炽协助。

　　我回到北京后，就与煤矿文工团联系，与刘炽接上了头。1987 年 4 月，伊里从广州入境，访问桂林、成都、西安、北京、上海，由陕西友协接待，我是全程陪同兼翻译。刘炽从北京专程赶到成都与我们会合。在刘炽的联络、协调和帮助下，我们在西安、北京、上海举办了三场钢琴独奏音乐会。由于他另有重要的安排，刘炽没法去上海。在西安、北京的演出，刘炽都在场。伊里在每一场演出前，都有一段致辞，向海伦致敬，介绍海伦 30 年代在当地的主要活动。每次演奏前的致辞，都赢得观众的热烈掌声。

　　1987 年 7 月初，刘炽再次来到西安，了解《伟大的女性——海伦·斯诺在中国》图片实物展览筹备情况。那时候，我们的条件很差，没有电脑，没有空调，一切靠手工来完成。西安"八办"纪念馆没有大房间，天气又很热，我们只好等到傍晚，把工作台摆在院子里，拉上电灯，打开风扇，放着音乐，通宵达旦地连续干了五天。刘炽白天来馆里察看，晚上来看大家做展板，同大家聊天、说笑话，有时也插手帮我们抬展板。有天晚上，我对刘炽说："刘老师，你写了那么多好听的歌曲，能不能给海伦写一首呢？"

刘炽说："当然可以，我早就有这个想法，就是没人作词。嗨，你写词，我来谱曲，怎么样？"

我半天没有吭声，因为我不敢答应。我说："我不会写诗，也不会写歌词啊。"

2013年11月11日，海伦·斯诺代表团在海伦雕像前合影。左一为刘炽儿子刘欣欣，小女孩为刘炽的小孙女刘海诺，右一为SUU乐队总指挥孙逊

　　刘炽说："你最了解海伦，你先写，随便写，随后咱们一块儿改。"

　　于是，我就从海伦横跨太平洋，来到中国，以上海、北京、西安、延安为背景，写了四段，第二天把草稿拿出来了。刘炽看了看说："很好啊！你把要害抓住了，写得不错啊！不过，歌词和诗歌有所不同，要能够唱。到时一些字词要修改的。"接着，他请词作者党永庵同志把歌词润色了一下，两天后，他就把曲谱拿出来了。

　　1987年7月10日，刘炽出席了《伟大的女性——海伦·斯诺在中国》图片实物展览开幕式，他请著名歌唱家冯健雪在开幕式上演唱了这首新创作的歌曲，一炮打响，获得了成功！

　　2013年，这首歌的中英文版在海伦·斯诺的故乡——雪松城（Cedar City）的南犹他大学第一次唱响了……

　　附:《海伦·斯诺之歌》歌词

海伦·斯诺之歌

刘炽曲　安危词

（献给海伦·斯诺的歌，为她八十寿辰而作）
美丽的太平洋碧波荡漾，
浪花里回旋着海鸥的身影，
海伦·斯诺！海伦·斯诺！
中国人民呼唤着您的英名。

黄浦江边，留下了您健美的脚步，
北平街头，回荡着您愤怒的呼声，
古城西安，颂扬着您不朽的杰作，

延河清清，辉映着您明媚的笑容。

啊！啊！

人民的使者，杰出的女性，
　您是中美友谊的象征，
　在这古老而年轻的中国，
　您的名字将世代传颂。

美丽的太平洋碧波荡漾，
蓝天上回响着亲切的歌声，
海伦·斯诺！海伦·斯诺！
中国人民呼唤着您的英名！

海伦·斯诺荣归故里

海伦·斯诺回老家了!

2009 年 11 月,从雪松城到盐湖城,从犹他州到康涅狄格州,从美国到中国,人们奔走相告,传递着一个久违了的好消息:海伦回老家了!

2009 年 11 月 11 日,是犹他州雪松城建城 158 周年纪念日,雪松城市政府在一年前就正式决定:在市中心竖立"海伦·福斯特·斯诺"铜质雕像;举办"海伦·斯诺生平及成就研讨会"和图片展览,召开庆祝大会。市长杰拉德·谢里特认为,海伦·福斯特·斯诺是雪松城历史上最伟大的人物,是雪松城的骄傲。

海伦·福斯特 1907 年 9 月 21 日出生在雪松城一个律师的家里。1931 年,海伦只身乘汽轮到达上海,旅居中国达 10 年之久,目睹了灾难深重的中国,见证了中国革命和新中国的诞生,20 世纪 30 年代向中国国内和西方世界客观报道了中国共产党领导的人民革命运动。新中国成立后,她几十年如一日,为中美两国关系正常化、为促进中美两国人民之间的传统友谊,孜孜不倦地工作,直到生命的最后一刻。1997 年 1 月 11 日,海伦在她的睡梦中安静地离开了人世。

自 20 世纪 70 年代,我国的翻译家、作家、学者,就开始了对海伦著述的翻译和出版工作,深入研究海伦对中国革命和人类进步事业的贡献。各种形式的学术研讨、著作首发、生平图片实物展览,以及旨在弘扬海伦·斯诺精神的纪念活动,几乎年年都有。海伦·斯诺的名字家喻户晓,成为中美人民友好的同义词。可是在海伦的祖国美国,却很少有人知道海伦·斯诺，对她在中国10年的传奇经历和对人类进步事业的贡献，更是一无所知。中国学者应邀赴美国，给美国学者和公民讲述一个美国人的故事，已在美国传为一个幽默的趣谈。中美两国对海伦·斯诺研究的失衡，让人们频繁地引用中国"墙里开花墙外红"的俗语。

然而，在海伦去世12年、继中国学者研究海伦30年之后，海伦对世界和平的重要贡献、对中美两国关系和两国人民友好事业的贡献，终于被美国学界和官方所认知。

11月11日上午，"海伦·斯诺生平和成就学术研讨会"成功举行，来自杨伯翰大学、南犹他大学的教授学者，犹他州及雪松城政府的官员等100多人参加了研讨会。中国国际友人研究会副会长舒暲先生，北京大学新闻及传播学院党委副书记、中国埃德加·斯诺研究中心副秘书长孙华和王芳女士，北京美中文化产业交流促进会主席安成信、秘书长罗燕、雕刻艺术家蒙复旦及笔者等人，应邀出席了这次研讨会和系列庆祝活动。凯莉·朗、保罗和凯伦·海尔以及笔者在研讨会上发表了讲话。会议茶歇期间，代表们兴致勃勃地观看了海伦·斯诺图片和实物展览。

庆祝大会在南犹他大学演出大厅举行，谢里特市长首先讲话，介绍并欢迎各方贵宾出席大会。接着，海伦·斯诺的侄女谢莉尔·毕绍福、康西丁、中国驻美大使馆公使衔参赞张平、安成信及笔者等人应邀讲话。该校的乐团、演出团在庆祝大会期间，进行了精彩的演奏和演出。海伦·斯诺家族三代40多人应邀出席了当日的所有活动。

11月12日下午，谢里特市长单独接见了笔者，赞扬并感谢笔者几十年来为弘扬海伦·斯诺精神、促进中美友好关系所作出的贡献。他代表市政府和全市人民，授予笔者"雪松城荣誉市民"称号。

当地媒体对这次活动，进行了比较广泛的报道。

为海伦庆生

从 1978 年结识她到 1997 年去世,我与海伦·斯诺有过 18 年的交往,我们之间的通信多达 200 余封。我旅美、访美期间,多次与海伦交谈,和她一起工作。通过阅读、翻译她的著作,研究她的生平经历及贡献,尤其是和她长时间相处,我当了她的"俘虏"——我的理想、追求及人生道路的轨迹,被海伦改变了。我敬仰她、崇拜她,把她视为我最亲密的朋友。

海伦·福斯特·斯诺(Helen Foster Snow)诞生于 1907 年 9 月 21 日。不记得从哪一年开始,我也像西方人一样,每年 9 月总是忘不了给海伦庆生。但大多数年份,只是写信、发电传、发传真或打电话,祝她生日快乐。同时,总会报告她一些关于中国的好消息,或者她的著作翻译、出版的进展情况。如果是写信,我一般都在 9 月 8 日或 9 日把信发出,以保证她在 9 月 21 日前夕收到。

我有过两次半机会,在美国为她庆生、祝寿。1985—1986 学年度,我应邀在康州首府哈特福德的特尔蒂尼大学讲学,到达后的第二个周六,即 9 月 21 日,雪莲(Sharon Crain)驾车 40 分钟,我们到了麦迪逊小镇,先去蒙格塘路 148 号拜访海伦。我 1982 年专程去过她那所 1752 年建造

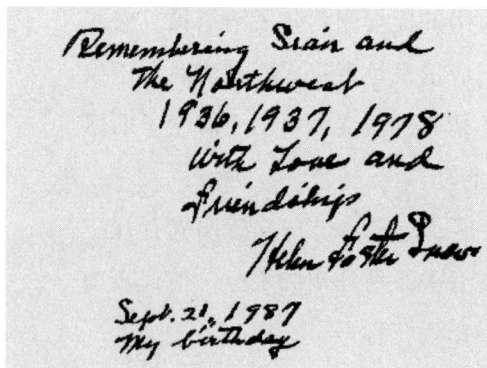

海伦·斯诺 1987 年 9 月 21 日发给作者的贺卡上写道:"不会忘记 1936、1937、1978 年在西安和中国西北的经历。"

的小农舍，对那儿的环境也还记得清楚。我们寒暄了几句，就接海伦到雪莲的海滨别墅。那天恰逢晴天，蓝天白云，不热不冷，阵阵微风，给人带来十分温馨的惬意。我俩按照提前商定的安排，一起陪同海伦去雪莲的露天凉台休息，欣赏海景。然后，我告诉海伦，我要去车里拿件东西。当我端上一个漂亮的大蛋糕，

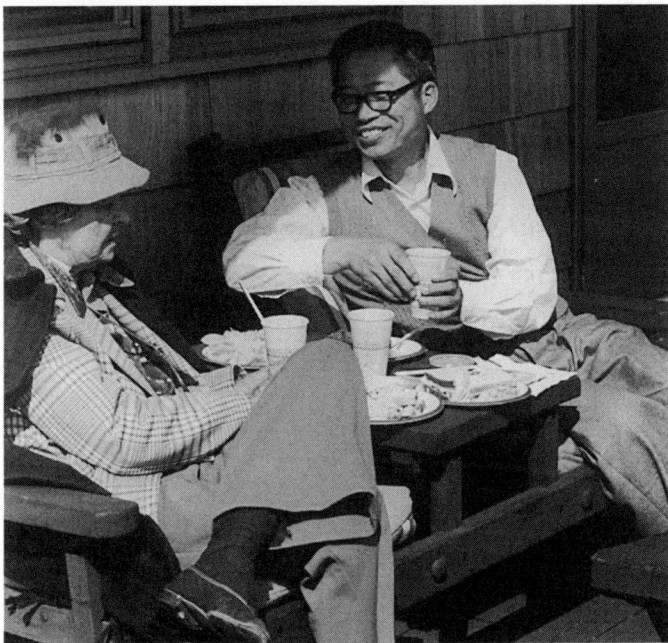

1985 年 9 月 21 日，在雪莲的海滨别墅阳台上，庆祝海伦 78 岁生日

上面装饰着 HAPPY BIRTHDAY 的文字，海伦显得有点儿惊讶。我和雪莲一起给海伦唱起了 Happy Birthday To You，海伦微笑了。她说："我上周搬动冰箱，不小心拧了腰，疼得我几夜不能安眠，把自己的生日也忘记了。"我说，这蛋糕是雪莲昨天在哈特福德定做的，我们今早出发时，才从食品店取了出来。正说着，邻居的一条狗，把海伦面前的一小块蛋糕叼走了。海伦生气地说："这狗真讨厌！我的猫从来不这样，我给它吃，它才吃。"雪莲笑着说："那狗也来为您庆生，是好兆头，祝您健康长寿！"

另一次为海伦庆生是 1990 年，在吉尔福德小镇。那年夏天，我访美三个月，在明尼苏达州的"森林湖国际语言村"，给美国学生教汉语，同美中友协的朋友们商谈交流项目。9 月 18 日—24 日，我重访哈特福德市，21 日和雪莲一起去麦迪逊，为海伦庆生。雪莲在吉尔福德一家餐馆，预

订了一桌饭，主菜是当地的海滨大虾，像小鱼大小的大虾，新鲜极了，味道很好。海伦说："这是我几十年来吃的最好的大虾！"席间，我和雪莲频频举杯，以果汁代酒，祝贺海伦生日快乐，健康长寿！

1986 年 7 月底，我完成了为期一年的访学任务，一边整理资料、做回国的各项准备工作；一边与洛杉矶的康西丁（Tim Considine）和旧金山的老朋友约翰·鲍威尔（John Powell）联系，落实我在两地的活动。我在洛杉矶待了 10 天，于 8 月 15 日飞抵旧金山，住在鲍威尔夫妇的家里。他们的邻居是一个青年人，在 Stanford 上班，约翰委托她每天早上带我去胡佛研究所，下午再把我捎回来。就这样，我来来回回搭乘人家的便车，手持海伦的亲笔介绍信，在胡佛研究所连续工作了 4 天，仔细翻阅了"尼姆·韦尔斯文献"，复印了海伦珍藏的文献资料大约 800 多页。手捧着这些珍贵的资料，回忆着海伦在过去一年对我的帮助、毫不犹豫地把不少实物送给我，为我将要创办的"海伦·斯诺在中国"展览奠定了基础。在我离开旧金山飞往北京的前夕，我对海伦的感激之情又一次涌上心头。同时，我又深感遗憾——眼看就要到海伦的 79 岁生日了，我却不能亲自为

这是作者从旧金山写信寄给海伦的"生日礼物"，"愿 9 月 21 日充满欢乐"

海伦庆生，不能再为她唱 Happy Birthday To You 了！我立即给她写了一封短信，"亲爱的海伦：今天下午 3 点钟，我将离开旧金山回国。告别是痛苦的。我刚才翘首东望，想象着您此刻在做什么，您今天感觉还好吗？在您生日前夕向您告别，实在使我难过。您还记得去年在雪莲家的平台上为您庆生，邻居家的狗叼走了一块蛋糕吗？我多么希望几天后能和您在一起！现在，我不得不在远行前夕，在西海岸提前向您说'生日快乐'了。这是我给您的生日礼物，愿 9 月 21 日充满欢乐。"

20 世纪 80—90 年代，我在国内为海伦庆生的另一种方式，就是举办大型研讨会、纪念会等活动。比如：1987 年举办的"庆祝海伦·斯诺访问延安 50 周年暨 80 寿辰国际研讨会"和《伟大的女性——海伦·斯诺在中国》图片实物展览。尽管困难重重，但终于举办了。海伦的老朋友邓颖超、康克清、黄华发来了贺电，影响不小，海伦·斯诺第一次重新回到中国人民之中。然而，最为重要的一次活动，因天时、地利、人和等诸多因素，发生在海伦 84 岁生日的前夜！

1990 年 10 月的一天，我收到中国作家协会创联部的一封信，要求我把海伦·斯诺所有著作的中译本，给他们各寄一册，有多少邮寄多少。我立刻把我翻译出版的海伦著作，邮寄给中国作协，还附了一封信，询问中国作协创联部："要这些译著有何用途？"回信说："中国作协和中华文学基金会设立了一个'理解与友谊'国际文学奖，明年准备颁发，候选人提了好几名，海伦·斯诺是其中之一。我们要比较、讨论，最后才能决定。"原来是这样啊！我既兴奋，又有点担心。兴奋的是海伦很有可能获奖，担心的是长期以来对海伦的偏见，会不会影响评奖委员会的判断？

"理解与友谊"国际文学奖，是国内文学界一个重要奖项，由中国作家协会、中华文学基金会主办。设立该奖的宗旨是促进中外文化交流，传播民族文化，让世界了解中国，加强国际间的密切合作和友好往来，为塑造中华民族在世界民族之林中的光辉形象作出贡献。"理解与友谊"国际文学奖，不定期颁发给那些以文学的方式表现中国、宣传中国、传播中国文化而功绩卓著的外国友人。获奖者不受国籍、种族、意识形态、宗教信仰和语言文体的限制，每届只奖励一人。

　　我立刻又给中国作家协会复信：作为海伦的朋友、中国作协的一名会员，我完全支持"把第一个'理解与友谊国际文学奖'授予海伦·斯诺"，并寄去了我 1985—1990 年期间在国内及美国学术会议上发表的 6 篇论文，供他们参考。

全国人大常委会原副委员长黄华讲话

雪莲（右）在颁奖大会上发言

　　1991 年 4 月，中国作家协会传来振奋人心的好消息，中华文学基金会和中国作家协会正式决定：第一个"理解与友谊国际文学奖"，将授予美国作家海伦·福斯特·斯诺！授奖大会将在人民大会堂隆重举行，具体时间还没有确定。我向中国作协建议：9 月 21 日是海伦的生日，能否在这一天举行颁奖大会？还有，应陕西省对外友协邀请，斯诺纪念基金会常务理事、堪萨斯城—西安友好城市委员会主席 Sharon Crain（雪莲）将率领"美国社团领导人访华团"秋季来北京、西安、新疆、桂林、上

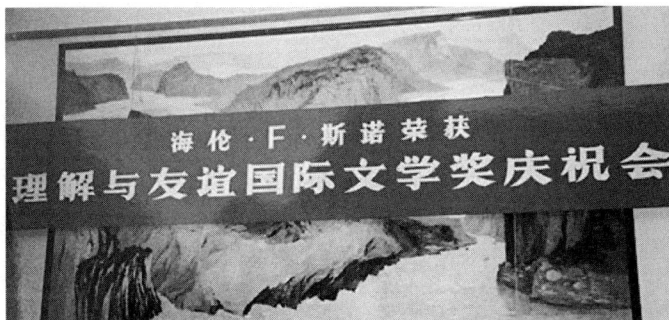

悬挂在人民大会堂会议厅的授奖大会标语

海访问，我将作为全程陪同，随团活动。我建议邀请这个访华团全体成员出席颁奖大会，何况大部分团员来自斯诺的故乡堪萨斯城，雪莲还是海伦多年的朋友。北京方面很高兴，采纳了我这两条建议，颁奖大会定于9月20日举行。但问题又来了，按照原定日程，这个访华团那时在桂林旅游，然后经上海出境。我立即联系雪莲，经与全体团员及航空公司协商，改由上海入境，北京出境，9月18日—22日在北京访问。

　　我去上海接团之前，于9月3日给海伦打电话，希望她为9月20日的颁奖大会发个致辞。海伦说："我写好再邮寄，你又外出旅游，恐怕要误事。我慢慢说，你记录一下吧。"我在陪团旅行途中，根据电话记录，整理出海伦的致辞，翻译后电传北京。在9月20日的颁奖大会上，宣读了海伦那篇诚挚的、热情友好的致谢词。会后，中国作协负责人张锴、金坚范专程赴美，把万里委员长签发的获奖证书、奖品以及9月21日全国各大媒体的文字报道，交给了海伦·斯诺。海伦高兴地对我说："这是我一生中最愉快、最兴奋的一个生日！"是啊，在人民大会堂以授奖的方式，为海伦·斯诺庆生，意义确非一般，表明了中国官方对这位被遗忘多年的伟大女性的认可！

　　著名诗人臧克家写道："有的人死了，他还活着。他活着，为了多数人更好地活。为了多数人更好地活着的人，群众把他抬举得很高，很

高。"2007 年 9 月，陕西省斯诺研究中心举办了 Symposium on Wheels（车轮上的研讨会）——重走斯诺之路，纪念海伦·斯诺诞辰 100 周年。来自美国的"海伦·斯诺代表团"以及全国各地的专家、学者和新闻记者60 余人，乘坐两辆旅游大巴，从西安出发，去延安、志丹、洛川、宝鸡、凤县参观访问，一路上回顾、分享斯诺夫妇 1936、1937、1939、1970、1978 年西北之行的经历，以及他们倡导的"工合"运动对抗日战争所作出的贡献。在誉为"工合城"的宝鸡市，举行了海伦·斯诺关于"工合"的专著《中国为民主奠基》中文版的首发式。这是海伦辞世后举行的规模最大、时间最长、形式新颖的庆生活动。

9 月的西北秋高气爽，是一个美丽的季节、丰收的季节，也是令我最难忘的季节。我记得从 2008 年起，每逢 9 月的第三周，我的日程表上都标着"赴八办纪念馆"。在这个时间段（9 月 21 日或 20 日），我都会去《伟大的女性——海伦·斯诺在中国》专题展览，与来自全国各地的学生、士兵、退休人员一起，观看一张张照片、一件件实物，同观众们分享海伦·斯诺的故事，分享她在中国的经历。我常常被观众们的热情和对海伦的敬仰所感动；我还向一些恋恋不舍、对海伦研究极感兴趣的大学生和学者，赠送我存放在"八办"的著作《安危文集》和《人民不会忘记》。

作者与中外研究生分享海伦的故事

记得 2014 年 9 月

21日那天，一位大学生在"八办"纪念馆问我：您这么大年纪，还专程来这里与我们分享海伦的故事，你常来这里吗？我告诉她：海伦是中国人民风雨同舟的朋友，也是我的忘年之交，她改变了我的人生。只要我还能走动，我每年都会在这个日子——"国际和平日"，来这个专题展览，同年轻的朋友们一起怀念海伦，学习海伦，为海伦庆生。

作者在给战士们讲解海伦为世界和平奋斗的一生

附：海伦·斯诺为颁奖大会的致谢词

我很高兴获悉中国作家协会将给我颁奖。我甚至激动得好像回到了二三十岁，回到了我在中国的那些难忘的岁月。

在我有生之年，我看到今天有越来越多的人开始理解我的事业及我的理想，这使我非常愉快。

我要感谢中国的作家、学术界的朋友们以及我一直崇敬和热爱的中国人民。

30年代我亲眼目睹和报道了由毛泽东、周恩来、朱德领导的中国革命。在过去40年里，我一直关心着新中国的进步，由于她的改革开放政策，中国创造的伟大成就是令人鼓舞的。全世界都可证明中国政局稳定，经济建设继续发展，这对中国和世界都是一件好事。中国是一个人口众多的大国，有她自己的历史和文化背景，所以我一直认为，资本主义在中国是行不通的。

当今世界是一个各种社会制度共存的世界，经济发展也不平衡，也是一个多事的世界。因此，各国人民之间的相互沟通和相互理解十分迫切。我 1938 年在上海开创的"工合"事业，不仅为抗日战争提供过必要的物质支持，也为不同政治力量之间的相互沟通发挥了作用。

中国人民是聪明的，勤劳的。我相信，中国政府将克服一切困难，带领他的人民走自己的道路，取得更大的成功。

后　记

　　20 年来，我被称为"退而不休的架桥者"，如今我完全、彻底地退休了。但斯诺研究中心的活动，我依然关心，有些活动，我也乐意参加。斯诺中心常务副主任袁西玲教授建议我闲暇时，写一些关于海伦的小故事，与大家分享。这个不难做到，我就欣然答应了。

　　我是农民的儿子，英语译员出身，是一个极其普通的中国人。但我也不得不承认，有一点确实"与众不同"——同美国著名作家海伦·斯诺见面次数最多、相处时间最长、来往最密切的人，在中国就数我一个了。1978 年我接待她来华访问，相处了 10 天；1982 年首次访问纽约时，我专程去麦迪逊造访了她。1985 年 9 月至 1986 年 9 月，我在康州特尔尼蒂大学作访问学者期间，每逢周末和假日，就去麦迪逊拜访她，帮她整理资料、打扫卫生，与她交谈、向她请教。1990 年访美 3 个月期间，我又去麦迪逊，与她相处了 12 天；1995 年暑期，我专程去麦迪逊看望病中的海伦，待了 6 天，同她进行了三次长谈，每次半天，并请专业摄影师全程录像。我们俩在历时 18 年的交往中，书面信件就有 200 多封，还没包括电话、电传和传真。

　　在与海伦·斯诺相处的那些日子里，时时处处都是我学习的好机会。接受了"写故事"的建议后，我把从海伦身上学到的点点滴滴，有空就写了下来。袁西玲在中心公众号开辟了一个专栏，叫"听安危先生讲故事"，我写一篇，她立即推出一篇。写这些小故事，勾起了我对许多细节的回忆，原计划写 100 个短篇，但寻找个别图片和文件佐证，却非常费事，还不时得请求美国杨伯翰大学图书馆帮我查找。所以，这些小故事当初并没有按时间顺序撰写。到了今年 5 月，大家都为党的百年华诞忙碌起来，这个故事系列已推出了近 50 篇，我就暂时中止了。

一年多来，有不少大学生和青年朋友读后大加点赞，认为通过一个个这样的小故事，他们了解了海伦·斯诺在中国的经历，她为中国的劳苦大众，如何冒着生命的危险支持革命斗争，向西方世界客观、全面地报道中国的实情。她着眼人民、实事求是、独立思考、客观报道的精神，令人感动和敬佩。她是中国人民风雨同舟的朋友，是一位应该被牢记的伟大女性。

2021 年 9 月 6 日

于古城未央湖畔

责任编辑：陈建萍

图书在版编目（CIP）数据

伟大的女性——海伦·斯诺/安危 著 . —北京：人民出版社，2022.5
ISBN 978 - 7 - 01 - 024589 - 8

I. ①伟… II. ①安… III. ①海伦·斯诺（Snow, Helen Foster 1907—1997）-
生平事迹 IV. ① K873.125.42

中国版本图书馆 CIP 数据核字（2022）第 037046 号

伟大的女性
WEIDA DE NÜXING
——海伦·斯诺

安危 著

人民出版社 出版发行
（100706 北京市东城区隆福寺街 99 号）

北京汇林印务有限公司印刷 新华书店经销

2022 年 5 月第 1 版 2022 年 5 月北京第 1 次印刷
开本：710 毫米 ×1000 毫米 1/16 印张：16
字数：210 千字

ISBN 978 - 7 - 01 - 024589 - 8 定价：58.00 元

邮购地址 100706 北京市东城区隆福寺街 99 号
人民东方图书销售中心 电话（010）65250042 65289539